# 부도지

ⓒ 김봉열, 2019

초판 1쇄 발행 2019년 8월 15일
    2쇄 발행 2023년 8월 15일

엮은이    박제상
옮긴이    김봉열
펴낸이    김봉열
편집      좋은땅 편집팀
펴낸곳    도서출판 마고문화
주소      경기도 고양시 일산 서구 주엽로 122
전화      010-6528-2911
이메일    bada-galam@hanmail.net

ISBN    979-11-955754-1-1 (03910)

이 도서의 국립중앙도서관 출판예정도서목록(CIP)은 서지정보유통지원시스템 홈페이지(http://seoji.nl.go.kr)와
국가자료공동목록시스템(http://www.nl.go.kr/kolisnet)에서 이용하실 수 있습니다.
(CIP제어번호 : CIP2019014146)

# 부도지

符都誌

보라! 한민족 장엄했던 일만 년 역사가 긴 잠에서 깨어난다.

박제상 엮음 · 김은수 옮김

마고
문화

『부도지符都誌』는 한민족 1만 년 역사를 담은 장엄한 대서사시이다. 신라시대 충신 박제상이 엮었으며 우리나라에서 현존하는 가장 오래된 역사서이다. 이 속에는 우주와 인류 탄생의 신화시대로부터 환인·환웅·임검씨 등을 거쳐 신라로 이어지는 한민족 일만 년 역사가 한편의 장엄한 서사시처럼 생생하게 그려져 있다. 대륙을 종횡하면서 인류 역사를 이끌어 온 주류세력들의 헌신과 사랑과 웅혼한 기상이 보석처럼 영롱하게 빛나고 있다.

『부도지』가 전하는 한민족 계보는 마고-궁희-황궁씨-유인씨-환인씨-환웅씨-임검씨-부루씨-읍루씨-박혁거세로 이어진다. 또 한민족 활동무대는 마고·궁희 시대에 중앙아시아 파미르고원에서 시작하여, 황궁씨·유인씨·환인씨 시대에는 중국 서북부 천산산맥으로 이동하며, 환웅씨 시대에는 중국 섬서성 장안의 태백산으로 이동하였다. 임검씨·부루씨·읍루씨 시대에는 중국 하북성 북경 일대를 중심으로 세상을 조화롭게 다스리다가, 신라 박혁거세 시대에 이르러 한반도로 이주하여 정착하는 머나먼 여정을 그렸다. 본래 『부도지』에는 장절 구분이 없으나, 필자는 독자의 이해를 돕기 위해 장절을 구분하였다. 제1부는 마고에서 환인씨 시대까지를 '신화시대'로 구분하였다. 이 시대 역년은 아득하여 알 수 없다. 제2부는 환웅씨·임검씨·부루씨·읍루씨 시대 4,000년을 '역사시대'로 구분하였으며, 제3부는 기자의 망명으로부터 박제상이 생존했던 5세기 신라시대까지 약 1,300년간을 '소부도 시대'로 구분하였다.

『부도지符都誌』 전편을 관통하여 흐르는 핵심사상은 '천부天符'이다. 한민족은 유구한 역사를 이어오면서 대대로 '천부天符'를 통치 이념으로 전하였다. 『삼국유사』에서도 환웅천왕이 천부인天符印 3개를 가지고 인간세상을 다스렸다고 한다. '천부天符'는 '하늘 뜻'이며, '부도符都'는 '천부天符를 받들어 모신 도읍지' 또는 '하늘 뜻에 맞는 도읍지'로 단군임검 고조선 수도를 가리킨다. 오늘날 우리 역사학계 최대 쟁점은 고조선 중심지 및 그 중심지에 설치된 한나라 낙랑군 위치가 어디인가 하는 문제이다. 『부도지』는 단군임검이 고조선 수도 '부도符都'를 건설한 목적과 그 위치 및 '부도符都'에서 일어났던 중요한 일들을 명쾌하게 전해 주고 있다. 우리 역사학계의 얽히고설킨 난제들을 단칼에 풀어 버리는 소중한 증언들이 가득하다.

『부도지』 제12장, 제13장, 제14장 기록에 따르면 단군임검이 '부도符都'를 건설한 목적은 "세상의 모든 족속이 함께 모여 화합하는 자리에서 천부天符 이치를 가르치고 배워서 지혜를 밝히고자 함"이었다. 또 고조선 수도 '부도符都' 위치는 현 중국 하북성 북경 일대였다. 이에 대하여 『부도지』 제13장에서 자세하게 해설하였다.

필자는 10여 년 전부터 『부도지』 해설서를 내려고 이 책의 초고를 마무리한 상태였다. 그러나 고조선 수도 '부도符都' 위치 때문에 출판을 망설였다. 우리는 학창시절 고조선 수도가 한반도 평양 일대라고 배웠다. 그러나 『부도지』가 전하는 고조선 수도는 현 중국 하북성 북경 일대였다. 너무 다른 역사여서 도저히 납득할 수 없었다. 중국 25사를 비롯한 각종 역사서들을 탐독하기 시작했다. 놀랍게도 중국의 모든 1차 사료들은 고조선 수도 위치를 명확하게 현 중국 하북성 북경 일대로 기록하고 있었다.

우리가 학창시절 배운 역사는 대일항쟁기 때 조선총독부가 한반도 식민지배를 쉽게 하기 위하여 왜곡·축소한 날조된 역사였다. 식민·노예사관에 찌든 역사였다. 오늘날 중국은 조선총독부가 왜곡·축소한 식민·노예사관을 적극 활용하여 동북공정을 진행하고 있다. 필자는 지난 2015년, 중국 25사를 비롯한 각종 역사서 기록을 근거로 『고조선으로 가는 길』을 저술하여 고조선 중심지가 현 중국 하북성 북경 일대였음을 밝힌 바 있다. 『부도지』 해설서 초고를 완성한 지 10여 년이 흐른 지금에 이르러 필자는 『부도지』 해설서를 자신 있게 출판할 수 있게 되었다.

『부도지』는 중화 사대사관과 일제 식민사관에 찌든 거짓역사를 뛰어넘어 가슴 벅찬 한민족의 참역사를 전하고 있다. 상고시대 단군임검 고조선은 하북성 북경 일대의 '부도符都'를 중심으로 아시아 전역을 조화롭게 다스렸다. 중화족 역사서는 상고시대 요임금과 순임금이 성군으로 평화롭게 임금 자리를 물려받으면서 요순시절 태평성대를 이루었다고 전하고 있다.

그러나 『부도지』가 전하는 역사는 전혀 다르다. 요임금은 단군임검 '부도符都'를 배반하고 '오행五行의 화'를 일으켜 수천 년간 인류역사를 전쟁의 소용돌이로 몰아넣은 만고역적이다. 또 중화족 역사서는 순임금을 천하의 효자로 기록하고 있으나 『부도지』는 순임금이 단군임검 특사로 파견된 아버지 유호씨를 배반하고 수년 동안 부자지간 참혹한 전쟁을 벌인 불효 중의 불효자로 기록하고 있다. 지금까지 우리가 배운 역사와 사뭇 다르다.

『부도지』는 이 세상을 큰 고통 속으로 몰아넣은 두 가지 사건으로 '오미五味의 화'와 '오행五行의 화'를 기록하였다. 사람과 만물이 대립하는 계기가 된 '오미五味의 화'와 사람과 사람이 대립하는 계기가 된 '오행五行의 화'를 극복하고 사람과 사람, 사람과 만물이 조화롭게 공존하는 세상을 향한 인류의 눈물겨운 여정을 생생하게 전하고 있다. 황하가 일천 년에 한 번 맑아지고 삼천 년에 한 번 우담바라 꽃이 피듯이, 부도의 진리가 성할 때 인류는 평화를 구가할 수 있었으며, 부도의 진리가 쇠할 때 인류는 투쟁의 고통에서 신음하였다.

신라가 재건하였던 부도의 명맥이 끊어진 지도 어느덧 천 년 세월이 흘렀다. 천 년 세월 동안 금나라(AD 1115~1234), 청나라(AD 1618~1912) 등이 일어나 신라의 후예를 자처하며 부도符都 영광을 재현하려 하였으나 뜻을 온전히 이루지는 못하였다. 한반도에 안주한 부도符都 민중들은 천부天符 진리를 망각한 까닭으로 수많은 외침을 겪었으며, 끝내는 나라를 빼앗기는 고통을 겪어야 했다. 오늘날에는 남북으로 나뉘어 서로 대립하며 고통 받고 있다. 부도符都 민중들은 스스로를 '헬조선'이라 부르며 자조하고 있다. 중화 사대사관과 일제 식민사

관에 깊이 중독되어 스스로를 나약하고 보잘것없는 존재로 낙
인찍고 있다.

　그러나 동틀 무렵이 가장 어둡다고 했다. 바야흐로 남북에
상생의 기운이 완연하고 재조산하의 열기가 가득하다. 하루빨
리 우리 사회에 만연한 조선총독부 식민·노예사관을 걷어 내
고 대한민국 민족·자주사관을 정립하자. 부도符都 민중들 가
슴속에 잊혀졌던 천부天符 진리가 되살아나고, 부도符都 재건
의 일꾼들이 구름처럼 일어나리니 새로운 천 년, 통일한국 ‘대
한조선’이 주도하는 지상낙원의 도래를 염원하며 『부도지符都
誌』를 세상에 알린다.

2019년 3월 1일
저자 쓰다.

글을 시작하며                                    ······ 4

---

## 제1부 | 신화시대

제1장 지상에 우뚝 솟은 마고성              ······ 14

제2장 마고의 탄생                              ······ 18

제3장 지구 역사의 시작                        ······ 24

제4장 인류 역사의 시작                        ······ 28

제5장 오미五味의 유혹                          ······ 32

제6장 인간의 타락                              ······ 34

제7장 낙원에서 추방                            ······ 38

제8장 낙원의 붕괴와 이별                      ······ 44

제9장 삶의 아픔과 싸움의 시작                ······ 48

제10장 천부삼인天符三印 전수                 ······ 50

## 제2부 | 역사시대

제11장 환웅씨 시대 ······ 58

제12장 임검씨 시대 ······ 64

제13장 부도符都 건설 ······ 70

제14장 신시神市 모임 ······ 80

제15장 조선제의 유래 ······ 86

제16장 부도의 특산물 ······ 92

제17장 도요陶堯의 반란 ······ 98

제18장 유순有舜의 배반 ······ 110

제19장 요순堯舜의 멸망 ······ 116

제20장 우禹의 반란 ······ 124

제21장 황당무계한 오행설 ······ 130

제22장 역은 화복의 근본 ······ 134

제23장 부도符都의 역 ······ 138

제24장 우禹의 멸망 ······ 142

제25장 월식과 성생 땅에 전도 ······ 146

제26장 천부天符의 봉쇄 ······ 150

## 제3부 | 소부도 시대

제27장 기자의 망명과 삼한 성립 ······ 156

제28장 혁거세의 추대 ······ 168

제29장 소부도小符都 건설 ······ 172

제30장 마랑馬郎의 원행 ······ 182

제31장 왕국건설 논의 ······ 186

제32장 왕국건설 중론의 부침 ······ 190

제33장 부도 복건復建의 꿈 ······ 196

# 제1부

---◆---

# 신화시대

제1장. 지상에 우뚝 솟은 마고성

제2장. 마고의 탄생

제3장. 지구 역사의 시작

제4장. 인류 역사의 시작

제5장. 오미五味의 유혹

제6장. 인간의 타락

제7장. 낙원에서 추방

제8장. 낙원의 붕괴와 이별

제9장. 삶의 아픔과 싸움의 시작

제10장. 천부삼인天符三印 전수

# 제1장. 지상에 우뚝 솟은 마고[1]성

마고성麻姑城[2]은 지상에서 가장 높고 큰 성이다.
천부天符[3]를 받들어 모시고 선천하늘을 계승하였다.
성 안 사방에는 네 직위의 천인天人이 악기를 쌓아 놓고
조화롭게 음을 다스리고 있었다.

첫째는 황궁씨[4]요 둘째는 백소씨[5]며,
셋째는 청궁씨[6]요 넷째는 흑소씨[7]였다.
두 궁씨 어머니는 궁희요, 두 소씨 어머니는 소희였다.
궁희와 소희는 모두 마고의 딸이다.

마고는 짐세朕世에 태어나서 기쁨과 노여움의
감정이 없으므로 선천을 남자로, 후천을 여자로 삼아
짝 없이 궁희와 소희를 낳았다.

궁희와 소희 또한 선·후천의 정을 받아
짝 없이 각각 두 명의 천인과 두 명의 천녀를 낳으니
합하여 네 명의 천인과 네 명의 천녀였다.

---

麻姑城 地上最高大城 奉守天符 繼承先天 城中四方 有四位天人
堤管調音 長曰黃穹氏 次曰白巢氏 三曰靑穹氏 四曰黑巢氏也 兩穹
氏之母曰穹姬 兩巢氏之母曰巢姬 二姬皆麻姑之女也 麻姑生於朕世
無喜怒之情 先天爲男 後天爲女 無配而生二姬 二姬亦受其精 無配
而生二天人二天女 合四天人四天女也

1. **마고麻姑**  선천先天 하늘을 계승하여 땅을 만들고 사람과 만물을 길러내는 어머니이다. 『부도지』 제2장에서는 마고가 8려八呂의 음에서 탄생하는 장면이 나오고, 제3장에서는 마고가 지구를 만드는 과정이 나오며, 제4장에서는 마고가 네 명의 천인과 네 명의 천녀에게 인류 최초의 사람을 낳게 하는 장면이 나온다.

한국 전설과 설화에는 마고에 얽힌 신화가 많은데, 세상을 만든 거대한 여신 마고 이야기가 제주도를 비롯하여 전국에 산재해 있다. 엄청나게 거대한 마고가 움직이는 대로 산과 강, 바다, 섬, 성들이 만들어졌다는 전설이 내려온다(『위키백과』).

인류 역사가 어머니 마고로부터 비롯되었으며, 마고와 궁희, 소희 등이 짝 없이 자녀를 낳았다는 『부도지』 증언을 통하여 고대 모권사회 원형을 엿볼 수 있다. 원시공동사회는 결혼제도가 없었으므로 자녀들은 어머니가 누군지는 알아도 아버지가 누군지는 알 수 없었다. 가족들이 자연히 어머니를 중심으로 생활할 수밖에 없었으며, 사랑에 뿌리를 둔 모권사회 최고 어머니 마고는 신과 같은 절대적인 존재였다.

그러나 인류역사가 모권사회에서 부권사회로 넘어오면서 최고신은 남성신으로 대체되었고 마고는 마귀할멈이라는 나쁜 뜻으로 왜곡되기도 하였다. 『부도지』에서 마고가 최고의 신으로 등장하는 것은 그 전하는 역사가 부권사회 이전의 아득한 인류 시원 모권사회로 거슬러 올라감을 알 수 있다.

2. **마고성麻姑城**  마고가 사는 성으로 지상천국이며 극락정토였다. 마고는 지구를 만든 후 지상의 제일 높은 곳에 마고성을 세우고 세상만물을 율려(음악, 파동)로 조화롭게 다스렸다.

마고성 위치는 '세계의 지붕'으로 불리는 파미르고원 일대로 추정된다(『부도지』 제8장 참조).

3. **천부天符** 천부인 또는 천부삼인으로도 불리며, 『부도지』를 비롯하여 『환단고기』·『삼국유사』 등 한민족 상고사에서 하늘 권능을 상징하는 신물로 많이 등장하고 있다. 본문에서 "마고성이 천부天符를 받들어 모시고 선천하늘을 계승하였다."는 구절은 『부도지』 전편을 관통하여 흐르는 핵심사상이다. 마고성이 천부를 받들어 모시고 실천함으로써 선천하늘을 계승하여 새로운 하늘 주인이 되었다는 놀라운 선언이다.

『부도지』는 마고성 천부가 황궁씨·유인씨·환인씨·환웅씨·임검씨·부루씨·읍루씨를 거쳐 신라 박혁거세에게 전해지는 한민족 1만여 년의 장엄한 역사를 기술하고 있다. 한민족 역사는 천부를 계승하고 실천한 역사였다. 마고성 사람들이 천부를 배우고 실천하였기에 마고성은 지상천국이 될 수 있었다(『부도지』 제12장 '천부天符' 해설 참조).

4. **황궁씨** 황궁씨는 맏이로, 만물의 구성요소인 기화수토氣火水土 가운데 흙(土)을 주관하였다. 후일 마고성을 떠나 파미르고원 북쪽 천산주天山洲로 이동하였으며, 그 후손은 주로 한반도와 일본·중국대륙 북부·만주·시베리아·아메리카 대륙 등지로 퍼졌으며 한민족 직계조상이다.

5. **백소씨** 백소씨는 둘째로, 공기(氣)를 주관하였으며, 후일 마고성을 떠나 파미르고원 서쪽 월식주月息洲로 이동하였다. 그 후손은 주로 중·근동 지역과 서유럽 등지로 퍼져 살았다.

6. **청궁씨** 청궁씨는 셋째로, 물(水)을 주관하였으며, 후일 마고성을 떠나 파미르고원 동쪽 운해주雲海洲로 이동하였다. 그 후손은 주로 중국대륙 중·남부지방으로 퍼져 살았다.

7. **흑소씨** 흑소씨는 넷째로, 불(火)을 주관하였으며, 후일 마고성을 떠나 파미르고원 남쪽 성생주星生洲로 이동하였다. 그 후손은 주로 인도와 동남아시아 지방으로 퍼져 살았다.

# 제2장. 마고의 탄생

선천[1]에 마고대성[2]은 실달성 위에서 허달성과
나란히 놓여 있었다. 처음에는 햇볕 만 따사롭게 비칠 뿐
아무것도 없었으며 오직 팔려八呂의 음[3]만이
하늘로부터 들려올 뿐이었다.

실달성과 허달성[4]이 모두 이 음에서 나왔으며,
마고대성과 마고 또한 이 음에서 태어났다.
이것이 짐세朕世[5]였다. 짐세 이전에 율려律呂[6]가
몇 번 부활하여 별들은 이미 탄생하였다.

짐세가 끝날 무렵 마고가 궁희와 소희를 낳아
오음五音과 칠조七調[7]를 담당하게 하였다.
이때 성 안에서 지유地乳[8]가 솟아나기 시작하였다.

궁희와 소희가 또한 네 천인과 네 천녀를 낳아
그 젖을 먹여 기르니 네 천녀는 여呂를,
네 천인은 율律을 다스렸다.

---

先天之時 大城在於實達之上 與虛達之城竝列 火日暖照 無有具象
唯有八呂之音 自天聞來 實達與虛達 皆出於此音之中 大城與麻姑
亦生於斯 是爲朕世 朕世以前 律呂幾復 星辰已現 朕世幾終 麻姑
生二姬 使執五音七調之節 城中地乳始出 二姬又生四天人四天女
以資其養 四天女執呂 四天人執律

1. **선천** 『부도지』제2장과 제3장은 우주 창조를 노래하고 있다. 일반적으로 선·후천을 말할 때, 지구 1년에 봄·여름·가을·겨울 사계절이 있듯이 우주 1년(129,600년)에도 봄·여름·가을·겨울 사계절이 있다고 보고, 우주의 봄·여름에 해당하는 시기를 선천先天이라 하고, 가을·겨울에 해당하는 시기를 후천後天이라 한다. 또는 천도교 등 각종 종교에서는 그 종교가 창교되기 전까지를 선천, 창교된 이후를 후천이라 하기도 한다.

그러나 『부도지』에서 말하는 선·후천은 이러한 개념들과 다르다. 본문을 보면 선천에 우주가 몇 번의 대폭발(율려가 몇 번 부활)을 거쳐 은하계와 태양계 등이 만들어졌으며, 이 우주를 공평무사하게 다스리기 위해 마고가 우주의 주재자로 등장하는 짐세朕世가 시작된다.

『부도지』에서 말하는 선천은 하늘이 생겨나고 마고가 우주의 주재자로 우주를 조화롭게 다스리며, 땅과 사람이 태어날 기틀을 만드는 짐세까지를 의미한다. 후천은 선천 말의 짐세를 지나서 지구가 완성되고 지구 위에서 뭇 생명이 살아가는 시대이며, 인간이 뭇 생명의 으뜸으로써 이 우주의 주인이 되는 시대이다.

2. **마고대성** 마고성이다(『부도지』제1장 참조).

3. **팔려八呂의 음** 우주의 모든 소리이다. 고대에는 모든 음을 팔음으로 표현하였는데, 팔음은 쇠[金]·돌[石]·실[絲]·대나무[竹]·박[匏]·흙[土]·가죽[革]·나무[木] 등 8가지를 소재로 하여 만든 악기에서 나는 소리이다(『서경』「요전」13장). 사방팔방에서 들려오는 '팔려의 음'을 형상화한 것으로 보이는 청동방울 '팔주령'(八珠鈴, 국보로 지정됨)이 우리나라에서 청동기 시대 유물로서 발굴되고 있다.

충남 논산에서 발견된 청동기 시대 팔주령(국보 제146-1)

4. **실달성과 허달성**  원시지구와 달이다. 본문에 따르면 실달성과 허달성이 만들어지는 짐세 이전에 율려가 몇 번 부활하여 성진星辰은 이미 만들어졌다. 성星은 자체적으로 빛을 내는 항성이며, 진辰은 위성인 행성이다. 우주에 별과 행성은 이미 만들어졌으므로, 남은 것은 지구 및 달이다.

'달達'은 아사달阿斯達에서 보는 바와 같이 '땅'을 뜻한다. 제3장에서 실달성이 하늘의 물(天水)을 만나서 지구가 탄생하는 과정이 나온다. 그러므로 실달성은 지구상에 물이 생기기 이전의 상태, 불덩어리 상태의 원시지구이다.

허달성은 달을 가리킨다. 밤하늘 천문현상 중 가장 신비로운 것이 달이다. 한 달에 한 번씩 차고 기우는 달은 신비롭게 변하는 모습뿐만 아니라 지구에 미치는 영향력도 막대하여 예로부터 태양과 더불어 숭배대상이었다. 그래서 흔히 태양을 양의 상징으로 달을 음의 상징으로 표현하였다. 음은 허虛를 의미하므로 허달성은 원시지구 위를 공전하던 달이다.

5. **짐세朕世** '짐朕'을 사전에서 찾아보면 ㉠나, ㉡짐(천자의 자칭), ㉢조짐, ㉣전조, ㉤징조 등의 뜻으로 쓰인다. 『부도지』에서 짐세는 8려의 음과 더불어 시작되는데, 8려의 음에서 실달성과 허달성 및 마고와 마고성이 나온다. 그리고 마고가 궁희와 소희를 낳고, 궁희와 소희는 네 천인과 네 천녀를 낳는데 이것이 짐세이다. 마고시대를 짐세라 표현한 것은 마고가 우주의 주재자(朕)이기 때문이다.

6. **율려律呂** 파동으로 우주의 창조주이다. 『부도지』가 펼치는 우주관은 아름답고 신비롭다. 그리고 과학적이다. 율려는 파동으로, 우주 삼라만상이 파동으로 이루어진다는 것이다. 율려가 몇 번 춤을 추자 별들이 탄생하고, 8려의 음이 물결치자 원시지구와 달과 마고와 마고성이 모습을 드러내었다. 그리고 또한 번 율려가 춤을 추자 원시지구와 물이 만나서 지구가 완성되고 사람과 온갖 생명이 탄생하였다(『부도지』 제3장 참조).

우주의 창조주가 율려이므로 그 율려를 깨닫고, 율려에 순응하며 율려와 하나가 되고자 끊임없이 노력하는 것이 복본復本의 길이다. 내가 율려와 하나가 될 때, 내가 바로 창조주로 우주변화의 주체가 된다.

우주의 창조주 율려는 천지본음天地本音이라고도 하였으며, 그 천지본음을 형상화한 것을 천부天符라고 하였다(『부도지』 제10장 참조). 율려는 1에서 9까지 자연수로도 표현되었으며, '아홉수가 돌면서 율려가 서로 어울린 후 만물이 생겨난다'고 하였다(『부도지』 제21장 참조). 천부를 해설한 『천부경』이 대부분 숫자로 이루어진 것도 이런 까닭이다.

우주의 창조주가 율려이며, 우주만물이 율려인 파동으로 이루어져 있다는 『부도지』 증언은 놀랍게도 현대과학을 통하여 입증

되고 있다. 현대과학에 따르면 자연계 모든 물질은 크기 1억분의 1cm인 원자 조합으로 이루어져 있다. 그리고 이 원자들은 5조 분의 1cm 정도 극히 작은 입자인 소립자(전자, 양성자, 중성자, 중간자 등)들로 이루어져 있다. 태양 주위를 여러 행성이 돌면서 태양계를 형성하듯이, 양성자 주위를 여러 전자들이 돌면서 원자를 형성하고 있는데 전자 등 소립자의 성질이 파동성을 띤다는 것이다. 물질을 이루는 근본인 소립자들이 파동성을 가지고 있으며, 모든 물질을 파동으로 나타낼 수 있는데 이것을 물질파라고 한다.

양자역학에서 물질파(物質波, matter wave) 또는 드브로이파(de Broglie wave)는 물질의 파동을 말한다. 드브로이 관계에 의하면 파장은 입자 운동량의 역수에 반비례하고 진동수는 입자 운동에너지에 비례한다. 물질의 파장은 드브로이 파장이라고도 한다. 이 이론은 1924년에 드브로이에 의해 발전되었고, 이로 인해 1929년에 노벨물리학상을 수상하였다(『위키백과』 물질파).

금세기 최고 과학자로 추앙되는 호킹 박사는 2011년 5월 16일 영국 런던에서 열린 '구글 시대정신 연례회의'에 참석해서 '우리는 왜 여기에 있는가?'라는 주제로 강연하면서 '우주 초기에 아주 작은 양자 파동이 은하와 별, 그리고 인류 출현의 계기가 됐다'고 주장하였다. 호킹 박사의 이러한 주장은 율려, 즉 파동으로부터 우주만물이 만들어졌다는 『부도지』 내용과 완벽하게 일치한다.

현대과학이 20세기에 들어서 아인슈타인, 막스 프랑크, 닐스보어, 드브로이, 호킹 등 여러 천재 과학자에 힘입어 겨우 발견한 물질의 파동성을 우리 선조들은 1만여 년 전에 이미 만물이 율려(파동)로 이루어졌다는 사실을 깨닫고, 그 율려의 운행원리를 형상화하여 천부天符로 전하였다.

　그리고 만물이 율려라는 깨달음에 그치지 않고, 수행을 통하여 그 율려와 하나 되어 스스로 우주의 주인이 되고자 노력해 왔다. 예로부터 우리 민족이 유난히 노래와 춤을 즐긴 것도 그것이 바로 율려의 몸짓인 까닭이다. 오늘날 한류스타들이 노래와 춤으로 세계를 열광케 하는 것도 우리 몸속에 우주만물을 율려로 파악하는 DNA가 깊숙이 자리하고 있기 때문이다.

　**7. 오음五音과 칠조七調**　우주의 모든 율려가 존재하는 법칙이다. 우주의 율려는 해와 달과 별들의 규칙적인 운행을 통하여 나타나며, 옛사람들은 오음과 칠조를 통하여 우주의 모든 율려를 표현하였다.

　오음은 한국 전통음악에서 한 옥타브 안에 쓰인 기본적인 5음률을 말하는 것으로 오성五聲이라고도 한다. 중·림·무·황·태 또는 궁·상·각·치·우를 말한다. 칠조는 악조에서 중심음 높낮이를 나타내는 7가지 조를 의미한다. 조선 초기 성종 때 아악에는 12조를 사용했으나 향악에서는 7조가 사용되었다. 평조와 계면조 두 선법에는 7조가 있었는데 7조란 일지一指·이지二指·삼지三指·사지四指·오지五指·육지六指·칠지七指를 말한다(『다음 백과사전』).

　**8. 지유地乳**　땅에서 샘솟는 젖이다. 마고성에 생명이 탄생할 여건이 갖추어졌으므로, 여인이 아기를 가지면 자연스럽게 젖샘이 커지듯이 마고성에도 자연스럽게 생명을 기를 지유가 솟아나기 시작하였다. 지구는 영원한 어머니 젖줄이다.

# 제3장. 지구 역사의 시작

후천後天[1] 운이 열렸다. 율려가 다시 부활하여
마침내 향상響象[2]을 이루니 성聲과 음音이 섞인 것이었다.
마고가 실달과 대성을 끌어당겨
천수[3] 지역에 떨어뜨렸다.

대성의 기운이 상승하여 물구름 위를 둘러싸고
실달의 몸체는 평평하게 열려
얼어붙은 물속에서 땅이 열렸다.

육지와 바다가 나누어지고 산과 강이 넓게 펼쳐졌다.
이리하여 수역水域이 변하여 이루어진 땅이 더 무거워
위·아래를 바꾸며 돌므로 역수가 시작되었다.

---

後天運開 律呂再復 乃成響象 聲與音錯 麻姑 引實達大城 降於天
水之域 大城之氣 上昇 布幕於水雲之上 實達之体 平開 闢地於凝
水之中 陸海列 山川廣垿 於是 水域變成地界而雙重 替動上下而幹
旋 曆數始焉 以故 氣火水土 相得混和

그러므로 공기와 불과 물과 흙[4]이 서로 섞여 화하고
햇빛이 밤과 낮과 사계절을 나누어 풀·나무·날짐승·들짐승을
살찌게 길러내니 모든 땅에서 일이 많아졌다.

이에 네 천인이 만물의 본음本音을 나누어 다스렸다.
흙을 다스리는 자는 황黃, 물을 다스리는 자는 청靑으로 각각
궁穹[5]을 짓고 직무를 행하였다. 또 공기를 다스리는 자는 백白,
불을 다스리는 자는 흑黑으로 각각 소巢[6]를 지어 직무를
행하였다. 이로 인하여 그 성씨가 되었다.

이로부터 공기와 불이 서로 밀어 하늘에는 어둡고 찬 기운이
없었으며 물과 흙이 감응하여 땅에는 흉하고 어그러짐이
없었다. 이는 음상音象이 위에 있어 늘 때맞춰 비춰 주고
향상이 아래에 있어 두루 고르게 듣는 까닭이었다.

---

光分晝夜四時 潤生草木禽獸 全地多事 於是 四天人 分管萬物之本
音 管土者爲黃 管水者爲靑 各作穹以守職 管氣者爲白 管火者爲黑
各作巢以守職 因稱其氏 自此 氣火共推 天無暗冷 水土感應 地無
凶戾 此 音象在上 常時反照 響象在下 均布聽聞故也

1. **후천後天** 후천은 선천(『부도지』제2장 참조) 말의 짐세를 지나서 지구가 완성되고 지구 위에서 뭇 생명이 살아가는 시대이며, 인간이 뭇 생명의 으뜸으로써 우주의 주인이 되는 시대이다.

2. **향상響象** 음상은 소리이며, 향상은 소리의 울림 즉 메아리이다. 악기를 예로 들면 음상은 줄이 내는 소리이며, 향상은 음이 울림통에서 반사되어 만들어지는 소리이다.

율려는 우주의 창조자이며, 만물의 본음本흡은 기화수토氣火水土이다. 음상인 공기·불·물·흙이 서로 혼합되어 만물이 빚어지고, 그 만물은 형체를 가지고 울림통의 역할을 하므로 음상인 공기·불·물·흙을 표현하는 향상이 된다.

3. **천수天水** 하늘 물로 태양계 내에 얼음 알갱이들로 이루어진 지역이다. 지구에 생명체가 존재하는 것은 물이 있기 때문이다. 어떻게 다른 행성에는 없는 물이 지구에는 넘실거리는 바다를 이루게 되었을까?『부도지』는 원시지구가 하늘 물인 천수와 만나서 바다가 생겼다고 하였다.

4. **공기와 불과 물과 흙** 『부도지』는 만물의 근본을 공기(氣)와 불(火)과 물(水)과 흙(土)의 4원소로 파악하였다. 이것을 다른 말로 만물의 본음本흡이라 하였다. 만물의 본음인 공기와 불과 물과 흙이 서로 조화를 이루면서 아름다운 음악을 연주할 때 세상 만물이 만들어진다. 이 만물의 본음을 4명의 천인天人이 담당하였는데 황궁씨는 흙, 청궁씨는 물, 백소씨는 공기, 흑소씨는 불을 각각 담당하였다. 제1장에서 이 4명의 천인이 마고성

사방에서 악기를 연주하면서 세상을 조화롭게 다스리는 장면이 나온다.

『부도지』의 기화수토설氣火水土說은 고대 그리스 등에서도 찾아볼 수 있는데, 부도 진리가 전 세계로 전파된 흔적이다. 엠페도클레스(BC 490~430)는 모든 물질이 불, 숨, 물, 흙이라는 4가지 본질적 원소의 합성물로 보았고, 플라톤(BC 427~347)은 창조주 데미우르고스가 4원소(불, 흙, 공기, 물)를 만들고 이를 기초로 모든 물질을 만들었다고 하였다.

5. **궁穹**  활꼴로 중앙이 높고 주위가 처진 형상이다. 궁교穹窖는 구덩이를 파고 위를 활 모양으로 두둑하게 덮은 움집을 말하고, 궁려穹廬는 흉노족이 살던 반구형으로 위를 가린 천막을 가리킨다. 궁은 흙을 담당하던 황궁씨와 물을 담당하던 청궁씨가 거주하던 무덤 모양의 집이다.

6. **소巢**  소巢는 원시 시대에 나무 위에 지은 집이나 망루 등을 가리킨다. 공기를 담당하던 백소씨와 불을 담당하던 흑소씨가 거주하던 높은 탑이나 피라미드 모양의 집이다.

# 제4장. 인류 역사의 시작

이때 본음[1]을 맡아 다스리는 자가 비록 여덟 명이 있었으나
향상響象을 밝히고 닦는[2] 사람이 없으므로
만물이 문득 생겨나고 문득 사라지니 조절이 되지 않았다.

마고가 마침내 네 천인과 네 천녀에게 옆구리를 열고
생산토록 명하였다. 이에 네 천인이 네 천녀와 결혼하여
각각 삼남 삼녀를 낳으니
이들이 세상에 처음으로 태어난 사람들의 시조였다.

그 남녀들이 결혼을 반복하므로 여러 대를 지나니
족속들이 각각 삼천 명[3]으로 늘어났다.

---

是時 管攝本音者 唯有八人 未有修證響象者故 萬物閃生閃滅 不得
調節 麻姑乃命 四天人四天女 辟脇生産 於是 四天人 交娶四天女
各生三男三女 是爲地界初生之人祖也 其男女 又復交娶 數代之間
族屬 各增三千人

이로부터 열두 명의 시조들은 각각 성문을 지키고
나머지 자손들은 향상을 나눠 맡아
밝히고 닦으므로 역수曆數가 비로소 조절되었다.

성 안 사람들은 품성이 순정하여 능히 조화를 알며
지유地乳를 마시므로 혈기가 맑고도 밝았다.
귀에는 오금烏金[4]이 있어 하늘 소리를 온전히 듣고
능히 도약하여 날아다니므로 오고 감이 자유로웠다.

임무를 다하면 금가루로 변하여 그 성체性体를 보존하였다.
혼이 알므로 소리를 내지 않고도 능히 말하며 넋이 움직이니
보이지 않고도 능히 갈 수 있었다.
땅기운 중에 퍼져 살면서 그 수명이 한량없었다.

---

自此 十二人祖 各守城門 其餘子孫 分管響象而修證 曆數始得調節
城中諸人 稟性純情 能知造化 飮啜地乳 血氣淸明 耳有烏金 具聞
天音 行能跳步 來往自在 任務已終則 遷化金塵而保其性体 隨發魂
識而潛聲能言 始動魄体而潛形能行 布在於地氣之中 其壽無量

1. **본음本音**  만물을 구성하는 기본 음으로 공기, 불, 물, 흙 (氣火水土)이다. 음은 율려로 이루어지므로 기화수토의 본음도 각각 율려로 이루어졌으며, 4명의 천녀는 여呂를 다스리고 4명의 천인은 율律을 다스렸다. 만물의 본음을 다스리는 사람이 8명이었다.

2. **향상響象을 밝히고 닦는**  향상은 소리의 울림이다. 만물의 본음인 기화수토의 율려작용으로 만물이 탄생한다. 그러나 탄생한 만물이 본음과 공명하여 울리지 못하면 음은 금방 사라지고 만물은 존재할 수 없다. 그러므로 본문에서 "향상을 밝히고 닦는 사람이 없으므로 만물이 문득 생겨나고 문득 사라져서 조절이 되지 않았다."고 하였다.

마고가 4명의 천인과 4명의 천녀에게 결혼하여 사람을 낳도록 한 것은 향상을 밝히고 닦는 역할을 하도록 하기 위함이었다. 만물이 자신의 본음을 깨닫고, 그 본음에 감응하여 울리도록 함으로써 조화로운 삶을 이어 갈 수 있도록 하였다. 만물이 자신의 본음을 깨닫고 감응하여 공명할 때 건강과 장수를 누릴 수 있으며, 자신의 본음을 의심하고 감응하지 못하면 온갖 질병과 수명이 단축될 수밖에 없다. '향상을 밝히고 닦는다'는 것은 율려 이치를 깨닫고 이에 공명함으로써 자신과 만물의 삶을 돕는 것이며, 이것이 홍익인간 정신을 실천하는 것이며, 마고가 사람을 낳은 참뜻이다.

3. **삼천 명**  12쌍의 인류 시조가 태어난 후, 그 남녀가 결혼을 반복하여 여러 대를 지나니 족속들이 각각 삼천 명으로 늘어났다. 『삼국유사』에서도 환웅천왕이 무리 삼천 명을 거느리고

태백산에 내려와 신시를 열었다고 하였다. 고대에서는 삼천 명을 단위로 공동생활을 하였다.

4. **오금烏金**  오금이 무엇인지 알 수 없으나 마고성 사람들 귀에 오금이 있어서 하늘 소리를 온전히 들을 수 있었다. 하늘 소리는 본성에서 들려오는 소리이다. 얼마나 아름답고 황홀한 소리였을까? 우리는 가끔 무아지경에 들었을 때 이 하늘 소리를 들을 수 있다. 예로부터 인류가 귀걸이를 즐겨한 것은 마고성의 오금과 관련이 있다.

# 제5장. 오미五味[1]의 유혹

백소씨족 지소支巢씨가 여러 사람과 더불어 젖을 마시러 샘으로 갔다. 사람은 많고 샘은 작으므로 다른 사람에게 양보하고 자신은 마시지 못하기를 다섯 차례나 되었다.

이에 돌아와 둥지에 오르니 배고파 아찔하여 쓰러졌다. 귀에서 미혹하는 소리가 들리므로 오미를 맛보았다. 바로 둥지 난간 넝쿨의 포도열매였다.

놀라 일어나서 펄펄 뛰니 포도의 독 때문이었다. 마침내 둥지를 내려와 활보하면서 노래 불렀다.

"끝없이 넓도다 천지여! 내 기운이 더 능가하도다! 이 어찌 도道의 힘이리오? 포도의 힘이로다![2]"

사람들이 모두 의심하니 지소씨가 참말이라고 하였다. 모두 이상히 여겨 먹어보니 과연 그 말과 같았다. 이로부터 여러 족속에 포도를 먹는 사람이 많았다.

---

白巢氏之族 支巢氏 與諸人 往飲乳泉 人多泉小 讓於諸人 自不得
飲而 如是者五次 乃歸而登巢 遂發飢惑而眩倒 耳鳴迷聲 呑嘗五味
卽巢欄之蔓籬萄實 起而偸躍 此被其毒力故也 乃降巢闊步而歌曰
浩蕩兮天地 我氣兮凌駕 是何道兮 萄實之力 衆皆疑之 支巢氏曰眞
佳 諸人奇而食之 果若其言 於是 諸族之食萄實者多

1. **오미五味**  단맛, 매운맛, 신맛, 쓴맛, 짠맛의 다섯 가지 맛이다. 그러나 여기서는 우리가 먹는 모든 음식을 가리키며, 특히 포도열매를 말한다. 땅에서 나는 젖만 먹고 살던 마고성 사람들이 오미(포도열매)를 먹은 것은 인류역사상 가장 큰 사건이었다. 이로 인하여 인류는 오미의 맛에 중독되고 만물을 먹잇감으로 인식하게 되었다. 그리하여 인간과 만물 간에 조화가 깨지고 인간 신성이 타락하게 되었다.

2. **이 어찌 도道의 힘이리오? 포도의 힘이로다!**  사람은 도道에도 취하고 술에도 취한다. 취하면 호탕해지고 세상이 모두 내 것이 된다. 천지본음과 공명하는 까닭이다. 도에 취하는 것은 자력에 의한 깨달음에서 오므로 황홀하고 오래간다. 공자도 "아침에 도를 들으면 저녁에 죽어도 좋다(朝聞道 夕死可矣)"고 하였다. 그러나 술에 취하는 것은 타력에 의한 것이므로 황홀하나 일시적이다. 깨고 나면 후회가 따른다. 사람들이 포도의 일시적인 힘에 취하여 천부 진리를 깨닫는 수도를 멀리함으로써 마고성 낙원은 서서히 무너져 갔다.

## 제6장. 인간의 타락

백소씨족 여러 사람이 듣고 크게 놀라 금지하고 감시[1]하니
이는 금하지 않아도 스스로 삼가는 자재율[2]을 깨뜨린 것이었다.

이때 열매 먹는 습관과 금지하고 감시하는 법이 시행되므로
마고가 성문을 닫고 막을 거두어 버렸다[3].

이를 어쩌리오!

열매 먹는 습관을 가진 사람[4]들은 모두 이빨이 생기고
침이 독사의 독 같으니
이는 강제로 다른 생명을 먹은 까닭이었다.

---

白巢氏之諸人 聞而大驚 乃禁止守察 此又破不禁自禁之自在律者也
此時 食實之習 禁察之法始 麻姑閉門撤冪 已矣 食實成慣者 皆生
齒 唾如蛇毒 此 強呑他生故也 設禁守察者 皆眼明 視似梟目

금지하고 감시하는 사람[5]들은 모두 눈이 밝아져서
올빼미 눈처럼 보게 되니 이는 사사로이 공율을 바라본
까닭이었다.

그러므로 사람들의 혈육이 거르지 않은 술처럼 탁해지고
심기가 혹독하게 변하여 무릇 하늘 성품을 잃어버렸다.
귀에 있던 오금烏金은 변하여 토사兎沙가 되고
마침내 하늘 소리를 들을 수 없게 되었다.

발은 무겁고 땅은 굳으므로 도약하여 날아다닐 수 없었으며
태정胎精이 불순하여 짐승 모습의 사람이 많이 태어났다[6].
수명은 짧아지고 죽을 때 천화하지 못하여 썩게 되었으니
이는 생명의 수가 의혹으로 뒤엉키고 오므라든 까닭이었다.

---

此 私瞧公律故也 以故 諸人之血肉醅化 心氣酷變 遂失凡天之性
耳之烏金 化作兎沙 終爲天聾 足重地固 步不能跳 胎精不純 多生
獸相 命期早熟 其終 不能遷化而腐 此 生命之數 縒惑痲縮故也

1. **금지하고 감시** 포도열매 따먹는 것을 금하고 감시하였다.

2. **자재율自在律** 누가 금지하지 않아도 스스로 삼가는 것(不禁自禁)이다. 마고성 중심에는 천부가 모셔져서 사람들의 생활 지침이 되었다. 사람들은 품성이 순정하여 능히 조화를 알며, 귀에는 오금烏金이 있어 하늘 소리를 온전히 들을 수 있었다. 무엇을 하고 무엇을 삼가야 할 것인지 스스로 알고 스스로 행하였다. 마고성은 자재율에 의하여 운영되었던 지상천국이요. 천부 이치에 의하여 스스로 다스려지는 이화세계였다.

3. **마고가 성문을 닫고 막을 거두어 버렸다.** 사람들이 포도열매 먹는 습관이 생기고, 서로 의심하며 감시하는 등 자재율을 깨뜨리자 마고가 성문을 닫고 막을 거두어 버렸다. 마고가 성문을 닫으므로 사람들은 더 이상 하늘 소리를 들을 수 없게 되었으며, 마고가 지구를 감싸고 있던 보호막을 걷어버리자 반사광이 사라지므로 시절의 빛이 치우쳐 세상이 어둡고 추웠다. 그리고 물과 불이 조화를 잃으니 혈기 지닌 무리는 모두 시기심을 품게 되었다(『부도지』제7장 참조).

4. **열매 먹는 습관을 가진 사람** 포도열매를 먹는 습관을 가진 사람들이다. 땅에서 나는 젖을 먹을 때는 갓난아기가 어머니 젖을 먹고 자랄 때처럼 이빨이 필요 없었다. 그러나 포도열매를 먹기 시작하면서 이빨이 생겨나게 되었고, 침이 독사의 독과 같이 되었다. 다른 생명을 강제로 먹기 위하여 찢고 씹는 도구가 필요하여 이빨이 생기게 되었고, 다른 생명을 강제로 소화시키기 위하여 침이 독사의 독과 같아졌다.

**5. 금지하고 감시하는 사람**　포도열매 먹는 것을 금지하고 감시하는 사람들이다. 감시하려는 마음은 남을 의심하는 데에서 생겨난다. 남을 의심의 눈초리로 쳐다보게 되면서 사람들의 눈이 밝아져서 먹잇감을 노리는 올빼미 눈처럼 보게 되었다. 서로 간에 믿음이 사라지고 색안경을 끼고 세상을 바라보게 되었다. 분별심을 가짐으로써 사람들의 심기가 혹독하게 변하여 하늘 성품을 잃어버렸다.

**6. 짐승 모습의 사람이 많이 태어났다.**　동서양을 막론하고 고대신화에는 반인반수半人半獸 괴물들이 많이 등장하는데, 이는 마고성 사람들이 '오미의 화'로 겪은 엄청난 정신적·육체적 변화와 관련이 있다. '오미의 화'를 겪고 태정이 불순하여 짐승 모습으로 태어난 사람들은 이후 삼천 년이라는 긴 세월을 끊임없이 본성을 밝히고 닦음으로써 차츰 본래 사람 얼굴로 돌아오게 되었다(『부도지』 제10장 참조).

## 제7장. 낙원에서 추방

이러므로 세상 사람들이 원망하며 꾸짖으니
지소씨支巢氏[1]가 크게 부끄러워 얼굴을 붉히며
식솔들을 거느리고 성을 나가 멀리 숨어 버렸다.
포도 먹는 습관을 가진 사람들과 금지하고 감시하던 사람들도
또한 모두 성을 나가 뿔뿔이 흩어져 갔다.
황궁씨가 그들 정상을 불쌍히 여겨 이별하며 말하였다.

"여러분의 의심이 너무 많아[2] 얼굴과 성품이 변했음으로
부득이 성 안에서 함께 살 수 없게 되었소.
그러나 스스로 밝히고 닦는 데 힘써
의혹을 남김없이 깨끗이 하면 자연히 복본復本[3]하게 될 것이니
부디 힘쓰고 힘쓰기 바라오."

이때 공기와 땅이 서로 어긋나므로 시절 빛이 치우쳐
어둡고 추웠으며, 물과 불이 조화를 잃으니
혈기 지닌 무리는 모두 시기심을 품게 되었다.
이는 멱광冪光[4]이 걷히므로 반사하여 비치지 못하고
성문이 닫히므로 하늘 소리를 들을 수 없는 까닭이었다.

---

於是 人世怨咎 支巢氏 大耻顔赤 率眷出城 遠出而隱 且其慣食萄
實者 設禁守察者 亦皆出城 散去各地 黃穹氏 哀憫彼等之情狀 乃
告別曰 諸人之惑量甚大 性相變異故 不得同居於城中 然 自勉修證
淸濟惑量而無餘則 自然復本 勉之勉之 是時 氣土相値 時節之光
偏生冷暗 水火失調 血氣之類 皆懷猜忌 此 冪光卷撤 不爲反照 城
門閉隔 不得聽聞故也

1. **지소씨支巢氏**　백소씨족 사람이다. 마고성에서 솟아나는 지유를 마시러 젖샘으로 갔다가 사람은 많고 젖은 부족하므로 다섯 차례나 다른 사람에게 양보하였다. 그러다가 배고픔을 이기지 못하고 포도열매를 먹음으로써 인류가 타락하는 원인을 제공하였다.

『부도지』의 지소씨에 관한 이야기는 기독교『성경』「창세기」아담과 이브 이야기와 많은 부분에서 닮았다. 지상낙원 마고성과 에덴동산이 있고, 과일을 먹고 타락하게 되었으며, 이로 인하여 낙원을 떠나는 것이 그렇다. 그러나 타락 동기나 낙원을 떠나는 이유와 낙원으로 복귀할 수 있는 희망에서 많은 차이가 있다.

기독교『성경』「창세기」3장을 보자.

"여호와 하나님의 지으신 들짐승 중에 뱀이 가장 간교하더라. 뱀이 여자에게 물어 가로되 하나님이 참으로 너희더러 동산 모든 나무의 실과를 먹지 말라 하시더냐? 여자가 뱀에게 말하되 동산 나무의 실과를 우리가 먹을 수 있으나, 동산 중앙에 있는 나무의 실과는 하나님의 말씀에 너희는 먹지도 말고 만지지도 말라 너희가 죽을까 하노라 하셨느니라. 뱀이 여자에게 이르되 너희가 결코 죽지 아니하리라. 너희가 그것을 먹는 날에는 너희 눈이 밝아 하느님과 같이 되어 선악을 알 줄을 하나님이 아심이니라.

여자가 그 나무를 본즉 먹음직도 하고 보암직도 하고 지혜롭게 할 만큼 탐스럽기도 한 나무인지라. 여자가 그 실과를 따먹고 자기와 함께한 남편에게도 주매 그도 먹은지라. 이에 그들의 눈이 밝아 자기들의 몸이 벗은 줄을 알고 무화과나무 잎을 엮어 치마를 하였더라.

그들이 날이 서늘할 때에 동산에 거니시는 여호와 하나님의 음성을 듣고 아담과 그 아내가 여호와 하나님의 낯을 피하여 동산 나무 사이에 숨은지라. 여호와 하나님이 아담을 부르시며 그에게 이르시되 네가 어디 있느냐? 가로되 내가 동산에서 하나님의 소리를 듣고 내가 벗었으므로 두려워하여 숨었나이다. 가라사대 누가 너의 벗었음을 네게 고하였느냐. 내가 너더러 먹지말라 명한 그 나무 실과를 네가 먹었느냐? 아담이 가로되 하나님이 주셔서 나와 함께하게 하신 여자 그가 그 나무 실과를 내게 주므로 내가 먹었나이다. 여호와 하나님이 여자에게 이르시되 네가 어찌하여 이렇게 하였느냐? 여자가 가로되 뱀이 나를 꾀므로 내가 먹었나이다.

　여호와 하나님이 뱀에게 이르시되 네가 이렇게 하였으니 네가 모든 육축과 들의 모든 짐승보다 더욱 저주를 받아 배로 다니고 종신토록 흙을 먹을지니라. 내가 너로 여자와 원수가 되게하고 너의 후손도 여자의 후손과 원수가 되게 하리니 여자의 후손은 네 머리를 상하게 할 것이요. 너는 그의 발꿈치를 상하게할 것이니라 하시고, 또 여자에게 이르시되 내가 네게 잉태하는고통을 크게 더하리니 네가 수고하고 자식을 낳을 것이며 너는 남편을 사모하고 남편은 너를 다스릴 것이니라 하시고, 아담에게 이르시되 네가 네 아내의 말을 듣고 내가 너더러 먹지 말라한 나무 실과를 먹었은즉 땅은 너로 인하여 저주를 받고 너는 종신토록 수고하여야 그 소산을 먹으리라. 땅이 네게 가시덤불과 엉겅퀴를 낼 것이라. 너의 먹을 것은 밭의 채소인즉 네가 얼굴에 땀이 흘러야 식물을 먹고 필경은 흙으로 돌아가리니 그 속에서 네가 취함을 입었음이라. 너는 흙이니 흙으로 돌아갈 것이니라 하시니라.

아담이 그 아내를 하와라 이름하였으니 그는 모든 산 자의 어미가 됨이더라. 여호와 하나님이 아담과 그 아내를 위하여 가죽옷을 지어 입히시니라. 여호와 하나님이 가라사대 보라 이 사람이 선악을 아는 일에 우리 중 하나같이 되었으니 그가 그 손을 들어 생명나무 실과도 따먹고 영생할까 하노라 하시고, 여호와 하나님이 에덴동산에서 그 사람을 내어보내어 그의 근본 된 토지를 갈게 하시니라. 이같이 하나님이 그 사람을 쫓아내시고 에덴동산 동편에 그룹들과 두루 도는 화염검을 두어 생명나무의 길을 지키게 하시니라."

『부도지』에서 지소씨는 자신의 지유를 다섯 차례나 남에게 양보하고, 배가 고파 죽을 지경에 이르자 생명을 유지하기 위하여 어쩔 수 없이 포도열매를 따먹게 되었다. 이로 인하여 인류가 타락하게 되고, 세상 사람들이 원망하자 크게 부끄러워하면서 스스로 마고성을 떠나게 되었다. 마고성을 떠날 때 황궁씨는 그들 정상을 불쌍히 여기고 "스스로 밝히고 닦는 데 힘써 의혹을 남김없이 깨끗이 하면 자연히 복본하게 될 것이다."고 하여 마고성 낙원을 다시 찾을 수 있는 방법과 희망을 주었다.

반면 기독교『성경』에서 아담과 이브는 선악과를 먹으면 눈이 밝아져서 하느님과 같이 된다는 뱀의 유혹에 넘어가서 탐욕으로 선악과를 따먹게 되었다. 그리하여 여호와로부터 엄청난 저주의 말을 듣고 낙원에서 추방당하며, 남자가 여자를 다스리도록 하는 남존여비男尊女卑 사상을 심었다. 뿐만 아니라 여호와는 에덴동산을 불칼을 가진 천사들이 지키게 하여 인류가 영원히 낙원으로 돌아갈 수 없게 하였다.

**2. 의심이 너무 많아**  마고성 타락의 근본원인은 의심 때문이다. 백소씨족 지소씨가 포도열매를 따먹음으로써 인류가 타락의 길로 들어서는 '오미의 화'를 다시 한 번 생각해 보자. 왜 지소씨는 젖샘으로 갔다가 무려 다섯 번이나 자신 차례를 다른 사람에게 양보하고 자신은 굶어 죽을 지경에 이르렀던 것일까? 그리고 생명 유지를 위해 어쩔 수 없이 포도열매를 따먹고 인류가 타락하는 원인을 제공하게 되었을까?

지소씨가 그런 행동을 하기 전까지 마고성은 아무런 문제없이 잘 운영되고 있었다. 그런데 갑자기 지소씨 눈에 사람은 많아 보이고 젖샘은 작아 보여서 젖이 부족할지도 모른다는 의심이 들었다. 사람이 살아가는 데 가장 기본이 의식주이고 그중에서도 먹는 것이 제일 중요하다. 지소씨는 생명을 유지하는 데 가장 원초적인 양식이 부족할지도 모른다는 의심을 품었다. 현대인들이 허겁지겁 돈을 모으려는 배경에도 나이가 들어 돈이 없으면 굶어 죽을지도 모른다는 두려움이 깔려 있다. 그러나 건강을 잃고 큰 병에 걸리면 돈을 아무리 써도 고통에서 헤어나기 어렵다. 노후를 위하여 아무리 많은 돈을 모았다고 해도 부족하게 보일 수밖에 없다. 노후와 생명에 대한 의심은 돈에 대한 끝없는 갈증으로 이어진다. 하늘을 믿지 못하고, 땅을 믿지 못하고, 자신을 믿지 못하는 까닭이다.

현대인들이 지소씨와 같은 의심이 들었다면 어떻게든 남 몰래 젖을 길어서 저장해 놓으려고 했을 것이다. 마고성 사람들은 마음이 순수했으므로 지소씨는 남의 젖까지 몰래 훔쳐서 저장해야겠다는 생각보다 남을 위하여 자신이 양보하려고 하였다. 그러나 현대인처럼 행동하든 지소씨처럼 행동하든 관계없이 그 행동의 뿌리는 양식인 젖이 부족할지도 모른다는 의심에서 비롯되며, 그 의심의 결과는 똑같이 인류 타락으로 나타난다.

사실 지소씨의 젖이 부족할지도 모른다는 의심은 쓸데없는 의심이었을지도 모른다. 마고성은 자율 기능이 있어서 사람 수가 많아지면 젖도 더 많이 나왔을 것이고, 젖이 더 많아지지 않는다면 사람 수가 그에 맞도록 조절되었을 것이다. 의심은 의심을 낳는 법이다. 지소씨가 쓸데없는 의심으로 인해 포도열매를 따먹게 되고, 포도의 일시적인 힘에 취하여 수도를 멀리하고, 사람들이 서로 감시하면서 의심이 눈덩이처럼 불어나게 되었다.

3. **복본復本**  본래 자리(마고성)로 되돌아가는 것이다. 부도지의 가르침은 '증리해혹證理解惑 수증복본修證復本'으로 요약된다. 인류 타락은 의심으로부터 비롯되었다. 의심은 천부 이치를 믿지 못한 까닭이다. 천부는 만물이 하나이며 영생불멸의 이치를 말하고 있다. 지소씨는 천부 진리인 영생불멸을 믿지 못하고, 생명에 두려움을 느끼자 젖이 부족할지도 모른다는 의심으로 발전하였다. 인류타락의 원인인 의심을 끊어 버리기 위해서는 증리證理, 즉 천부 이치를 깨달아야 한다. 이것이 증리해혹證理解惑이다. 그러나 천부 이치를 깨달았다고 수많은 의혹이 한순간에 사라지지 않는다. 깨달음을 닦아야 한다. 실천해야 한다. 부지런히 깨달음을 실천하는 것이 수증修證이다. 깨달음을 실천하여 본래 자리로 되돌아가는 것, 홍익인간 정신을 실천하여 마고성 낙원을 회복하는 것이 수증복본修證復本이다.

4. **멱광冪光**  지구 상공을 둘러싸고 있던 보호막(冪)으로부터 반사되던 빛이다. 보호막은 대성의 기운이 상승하여 만들어졌다(『부도지』 제3장 참조).

## 제8장. 낙원의 붕괴와 이별

이를 어쩌리오! 성을 나간 사람들 중 잘못을 뉘우친 자들이
되돌아 성 밖에 이르러 직접 복본復本을 구하였으니
이는 복본에 그때가 있음[1]을 알지 못하는 까닭이었다.

마침내 젖샘을 얻기 위하여 성곽을 파헤치니
성터가 파손되어 샘의 근원이 사방으로 흘러내렸다.
그러나 곧 단단한 흙으로 변하므로 마실 수가 없었다.

이런 까닭으로 성 안에도 젖이 말랐다.
모든 사람이 동요하여 풀과 과일을 다투어 취하니
혼탁하기 짝이 없어 깨끗함을 지키기 어려웠다.

황궁씨가 모든 사람의 어른이라 마침내 흰 띠풀로 몸을 묶고
마고 앞으로 나아가 죄를 빌며 스스로 오미의 책임을 지고
복본復本할 것을 맹세하고 물러나 모든 족속에게 말하였다.

---

已矣 出城諸人中 悔悟前非者 還到城外 直求復本 此未知有復本之
時所故也 乃欲得乳泉 掘鑿城郭 城址破損 泉源流出四方 然 卽化
固土 不能食啜 以故 城內遂乳渴 諸人動搖 爭取草果 混濁至極 難
保淸淨 黃穹氏 爲諸人之長故 乃束身白茅 謝於麻姑之前 自負五味
之責 立誓復本之約 退而告諸族曰 五味之禍 反潮逆來 此 出城諸
人 不知理道

"오미의 화[2]가 돌이켜 밀려오니 이는 성을 나간 사람들이
도리를 알지 못하고 오히려 의혹이 늘어난 까닭이다.
깨끗함이 무너지고 대성이 위태로우니 이를 어찌할 것인가?"

이때에 모든 천인들이 대성을 온전하게 지키기 위하여
나뉘어 살기로 의결하니, 황궁씨가 천부를 신표로 나누어 주고[3]
칡을 캐서 양식으로 삼는 법을 가르친 후
사방으로 나누어 살도록 명하였다.

청궁씨는 식솔들을 거느리고 동문으로 나가 운해주[4]로 가고
백소씨는 식솔들을 거느리고 서문으로 나가 월식주[5]로 가고
흑소씨는 식솔들을 거느리고 남문으로 나가 성생주[6]로 가고
황궁씨는 식솔들을 거느리고 북문으로 나가 천산주[7]로 갔다.

천산주는 매우 춥고 험한 땅이었다.
이는 황궁씨가 스스로 어려움을 취하여 복본의 괴로움을
참아내려는 다짐이었다.

---

徒增惑量故也　清淨已破　大城將危　此將奈何　是時　諸天人　意決
分居　欲保大城於完全　黃穹氏　乃分給天符爲信　敎授採葛爲量　命
分居四方　於是　青穹氏　率眷出東間之門　去雲海洲　白巢氏　率眷
出西間之門　去月息洲　黑巢氏　率眷出南間之門　去星生洲　黃穹氏
率眷出北間之門　去天山洲　天山洲　大寒大險之地　此　黃穹氏　自
進就難　忍苦復本之盟誓

1. **복본에 그 때가 있음**  복본의 때가 언제인가? "스스로 밝히고 닦는 데 힘써 의혹을 남김없이 깨끗이 하면 자연히 복본하게 된다."고 하였다(『부도지』 제7장 참조). 복본의 핵심은 해혹解惑이다. 모든 의심을 풀어버리는 것이다. 의심의 먹구름이 걷히면 티 없이 푸르고 푸른 하늘을 볼 수 있다.

2. **오미의 화**  인류가 포도열매를 먹음으로써 타락하게 된 사건이다. 사람이 다른 생명을 강제로 먹음으로 인하여 천성을 잃어버리고 낙원을 상실하게 된 재앙이다. 사람이 만물을 지배하려는 욕망에서 비롯되었다.

3. **천부를 신표로 나누어 주고**  인류가 마고성을 떠나서 동서남북으로 헤어질 때, 황궁씨는 천부를 신표로 나누어 주었다. 천부는 마고성으로 되돌아갈 수 있는 유일한 길잡이다.

4. **운해주雲海洲**  청궁씨족이 이주한 곳이다. 파미르고원 동쪽으로 중국 중·남부 지역이다.

5. **월식주月息洲**  백소씨족이 이주한 곳이다. 파미르고원 서쪽으로 중·근동, 서유럽 지역이다.

6. **성생주星生洲**  흑소씨족이 이주한 곳이다. 파미르고원 남쪽으로 인도, 동남아 지역이다.

7. **천산주天山洲**  황궁씨족이 이주한 곳이다. 파미르고원 북

쪽으로 중국대륙 북부 지역이다. 『부도지』 제8장은 마고성 위치에 관한 단서를 제공하고 있는데, 마고성은 중앙아시아 파미르고원에 있었다. 황궁씨가 마고성 북문을 나가서 간 곳이 천산주天山洲로 파미르고원 북쪽에 있다. 또 청궁씨는 동문으로 나가서 운해주雲海洲로 갔는데, 파미르고원 동쪽으로 뻗은 산맥이 곤륜산맥이다. 곤륜崑崙은 돌궐의 위구르 말 '쿠룸'을 옮긴 것으로, 구름이나 안개를 뜻한다. 곤륜산은 '구름에 덮인 산'으로 청궁씨가 나간 운해주와 일맥상통한다.

파미르고원(Pamir Mountains, 帕米爾高原)은 해발 평균 6,100m로 '세계의 지붕'이라는 별명을 가지고 있다. 웅장한 4개 산맥이 동서남북 사방으로 힘차게 뻗어나가는데, 북쪽으로 뻗어나간 것이 천산산맥이며, 동쪽으로는 중국대륙을 관통하는 곤륜산맥, 남쪽으로는 카라코람산맥이 인도로 이어지고, 서쪽으로는 힌두쿠시산맥이 아프가니스탄을 지나 이란까지 뻗어 있다. 또 파미르고원은 실크로드가 지나는 곳으로 고대에는 동서양 교통의 중요한 역할을 하였다.

파미르고원을 고대 중국에서는 총령蔥嶺이라 불렀는데 파미르고원에 '파'가 많이 자란 것에서 연유한 이름이라 한다. 총蔥은 우리말 '파'를 의미하며, 령嶺은 '고개' 또는 '마루'를 의미하므로 총령蔥嶺은 순수한 우리말로 '파마루'가 되며, '파미르'는 '파마루'의 변형으로 보여진다. 파미르고원 일대가 한민족과 관련이 있음을 그 이름에서도 짐작할 수 있다.

## 제9장. 삶의 아픔과 싸움의 시작

분거分居한 모든 족속[1]이 넘어지고 엉키면서
각 주洲로 향해 가니 어느덧 천 년 세월이 흘렀다.
옛날에 마고성을 나간 사람의 후예[2]들이 각지에 섞여 살면서
그 세력이 자못 왕성하였다. 그러나 거의 근본을 잊어버리고
성질이 사납게 뒤틀려 새로 온 분거족을 보면
무리지어 쫓아가 해하였다.

모든 분거족이 이미 자리를 잡으니 바다는 험하고 산은
가로막혀 내왕이 거의 끊어졌다.
이에 마고가 궁희 소희와 더불어 마고성을 수리하고
천수를 부어 성 안을 청소한 후 허달성 위로 옮겨 버렸다.

이때에 청소한 물이 동과 서로 많이 흘러넘치므로
운해雲海 땅이 크게 파괴되고[3], 월식月息 사람이 많이 죽었다.
이로부터 지구 중심이 변하여 역수가 어긋나므로
삭朔과 판昄[4]의 현상이 생겨났다.

---

分居諸族 繞倒各洲 於焉千年 昔世出城諸人之裔 雜居各地 其勢
甚盛 然 殆忘根本 性化猛擰 見新來分居之族則 作群追跡而害之
諸族已定住 海阻山隔 來往殆絶 於是 麻姑與二姬 修補大城 注入
天水 清掃城內 移大城於虛達之上 是時 清掃之水 大漲於東西 大
破雲海之地 多滅月息之人 自此 地界之重變化 曆數生差 始有朔
昄之象

1. **분거分居한 모든 족속**  마고성에서 동서남북 사방으로 분거한 황궁씨족, 청궁씨족, 백소씨족, 흑소씨족이다.

2. **옛날에 마고성을 나간 사람의 후예**  '오미의 화'를 일으키고 1차로 마고성을 나간 사람의 후예들이다. 먼저 마고성을 나간 사람의 후예들이 각지에 흩어져 살면서 큰 세력을 이루고 있었다. 이들은 거의 근본을 잊어버리고 성질이 사납게 뒤틀려 새로 온 분거족을 보면 무리지어 쫓아가 해하였다. 1차로 마고성을 나간 원주민과 2차로 마고성을 나간 이주민 간에 많은 전쟁이 있었다. 동·서양의 여러 신화에서 신과 인간의 전쟁으로 묘사되고 있다.

3. **운해雲海 땅이 크게 파괴되고**  마고성을 청소한 물이 동쪽으로 흘러넘쳐 대륙 중원의 운해 땅이 많이 파괴되었다. 고대에는 잦은 홍수가 일어났으며, 중국대륙이나 한반도에도 수많은 홍수신화가 전해 온다. "마고성을 청소한 후 허달성 위로 옮겨 버렸다."는 기록에서 마고성은 우주선 같은 비행체를 연상케 한다.

4. **삭朔과 판昄**  역易의 용어이다. 삭은 천구상에서 해와 달이 만나므로 달을 볼 수 없는 현상이다. 판은 1년이 365일로 딱 떨어지지 않고 4년에 1번씩 1일을 더하여 366일이 되는 현상이다. 『부도지』 제23장에 "3과 1/2사祀에 대삭大朔의 판이 있으며 판은 1/2사祀이니, 이는 2와 5와 8의 법수法數이다. 판의 처음은 1일과 같으므로 4번째 사祀는 366일이 된다."고 하였다. 대홍수와 삭과 판의 현상은 이 시기에 지구 중심이 변할 정도로 엄청난 천체 현상이 일어났음을 알 수 있다.

# 제10장. 천부삼인天符三印 전수

황궁씨가 천산주에 이르러 의혹을 풀고 복본復本을 서약하며
무리에게 수증修證[1]하는 일을 권하고 힘쓰도록 하였다.

또 맏아들 유인씨[2]에게 명하여 인간세상 일을 밝히도록 하고
둘째와 셋째 아들로 하여금 모든 주를 순행[3]하게 하였다.

황궁씨가 마침내 천산으로 들어가 돌[4]이 되어 길게 울며
음音을 조율하였다. 이로써 인간세상의 의혹을 남김없이
풀어서 기필코 대성 회복의 서약을 이루려 하였다.

이리하여 유인씨가 천부삼인天符三印[5]을 계승하니
이는 천지본음의 모습으로 근본이 하나임을 알게 하였다.

---

黃穹氏 到天山洲 誓解惑復本之約 告衆勸勉修證之業 乃命長子
有因氏 使明人世之事 使次子三子 巡行諸洲 黃穹氏 乃入天山
而化石 長鳴調音 以圖 人世惑量之除盡無餘 期必大城恢復之誓
約成就 於是 有因氏 繼承天符三印 此卽天地本音之象而 使知
其眞一根本者也

유인씨가 사람들이 어둠과 추위에 시달리는 것을 불쌍히 여겨
나뭇가지로 마찰하고 부싯돌을 쳐서 불씨를 만들었다.
어둠을 밝히고 몸을 덥히며 음식 익혀 먹는 것을 가르치니
모든 사람이 크게 기뻐하였다.

유인씨가 천 년을 지난 후 천부를 아들 환인에게 전하고
산으로 들어가 오직 계불禊祓[6]을 닦으며 나오지 않았다.
환인씨桓因氏[7]가 천부삼인天符三印을 이어받아
인간세상의 이치 깨우치는 일[8]을 크게 밝혔다.

그리하여 햇빛이 고루 비치며 기후가 늘 순조롭고 혈기 지닌
무리들이 거의 편안함을 얻게 되었다. 사람들의 괴상한 얼굴도
차츰 본래대로 돌아오니 이는 삼세三世 삼천 년 동안의
수증修證으로 그 공력이 거의 하늘성품에 다다른 까닭이었다.

---

有因氏 哀憫諸人之寒冷夜暗 鑽燧發火 照明溫軀 又敎火食 諸人大
悅 有因氏千年 傳天符於子桓因氏 乃入山 專修禊祓不出 桓因氏
繼受天符三印 大明人世 證理之事 於是 日光均照 氣候順常 血氣
之類 庶得安堵 人相之怪 稍復本態 此 三世修證三千年 其功力 庶
幾資於不咸者也

1. **수증修證**  수증향상修證響象의 줄임말로 향상을 밝히고 닦는 것이다(『부도지』 제4장 참조).

2. **유인씨有因氏**  유인씨는 황궁씨 뒤를 이었으며, 사람들에게 불을 사용하는 법을 가르쳤다. 중화족은 삼황의 한 사람인 수인씨燧人氏가 불을 사용하는 법을 가르쳤다고 한다. 『부도지』가 말하는 유인씨와 중화족이 말하는 수인씨는 닮은 점이 많다.

3. **모든 주를 순행**  황궁씨 후손들은 대대로 천산주·운해주·월식주·성생주 등 모든 주를 순행하면서, 세상 사람들이 오미의 잘못을 뉘우치고 지상낙원 마고성으로 다시 돌아갈 수 있도록 힘썼다. 황궁씨가 마고에게 스스로 오미의 책임을 지고 복본을 맹세한 일을 실천하기 위함이었다. 이러한 순행은 환웅씨와 임검씨 시대로 이어지고, 신라시대에는 마랑馬郎이라는 제도로 이어졌다(『부도지』 제30장 참조). 중국 황제들이 대륙을 순행한 일도 황궁씨 후예들의 순행을 본받은 것이다.

4. **돌**  고대 문화 상징물로 이집트 피라미드, 영국 스톤헨지, 프랑스 카르나크 열석, 태평양 이스터 섬 거인상, 한반도 고인돌 등등 세계적으로 수많은 거석문화가 있다. '황궁씨가 돌이 되었다'는 내용은 세계적인 거석문화의 뿌리를 엿볼 수 있는 증언이다.
고대에는 모든 음을 팔음으로 표현하였는데, 팔음은 쇠[金]·돌[石]·실[絲]·대나무[竹]·박[匏]·흙[土]·가죽[革]·나무[木] 등 8가지를 소재로 하여 만든 악기에서 나는 소리이다(『부도지』 제2장 참조). 그리고 팔음 중에서 특히 돌로 만든 석경石磬은 음악의 조화로움을 총괄적으로 나타내는 상징이다.

『서경』에서 "팔음에 오직 석石을 말한 것은 대개 석경 소리는 각角에 속하여 가장 조화가 어렵기 때문이다. 『예기』「악기편」에 이르기를 경磬으로 분별을 세운다 하니 무릇 음악은 화합을 으뜸으로 삼거늘 석경만을 홀로 분별로 세우는 것은 그 조화하기가 어렵기 때문이라. 석경 소리가 이미 조화되면 금金, 사絲, 죽竹, 포匏, 토土, 혁革, 목木의 소리가 조화되지 않음이 없음이다. 『시경』「상송商頌」 제1편에 이르기를 '이미 조화하고 이미 고르게 우리 석경 소리를 도우니라'고 하니 석石을 말한 것은 음악의 조화로움을 총괄적으로 말한 것임을 알 수 있다."고 하였다(『우서』 제4편 익직10장).

『부도지』에서 우주 창조자는 율려, 즉 파동이며 음악이다. 우주만물이 음악으로부터 나타나며, 그 음악은 팔음으로 표현되었다. 팔음 가운데 가장 조화하기 어려운 것이 돌(石)로 만든 석경石磬이다. 석경만 조화되면 모든 음이 조화되어 우주가 조화로운 질서를 유지할 수 있으며, 지상낙원 마고성을 회복할 수 있다. 그러므로 황궁씨는 돌로 변하여 길게 울며 음을 조율함으로써, 인간세상 의혹을 남김없이 풀어서 기필코 대성회복의 서약을 이루려 하였다.


5. **천부삼인天符三印** 천부삼인은 하늘 권능을 상징한다. 마고성에서 황궁씨·유인씨·환인씨·황웅씨·임검씨·부루씨·읍루씨를 거쳐 신라로 전해졌으며, 세상을 교화하고 다스리는 근본이 되었다. 천부삼인이 무엇인가에 대하여 여러 가지 견해가 있으나, 『부도지』는 천부삼인이 하도河圖와 관련이 있음을 강력히 시사하고 있다(『부도지』 제12장 참조).

## (1) 천지본음지상天地本音之象

천부삼인은 천지본음의 모습이다. 천지본음은 율려로 하늘의 해와 달과 별들의 운행을 통하여 나타나며, 율려는 1에서 9까지 자연수로 표현되었다. 『부도지』 제21장에서 "아홉 수가 돌면서 율려가 서로 어울린 후 만물이 생겨난다."고 하였다. 홀수는 율律을 나타내고 짝수는 여呂를 나타낸다. 그러므로 천부삼인은 천지본음인 율려, 즉 1에서 9까지 자연수가 운행하는 것을 형상화한 모습이다. 『천부경』과 하도河圖가 이를 잘 나타내고 있다 (『부도지』 제12장 참조).

## (2) 기진일근본자其眞一根本者

그것, 즉 천부삼인은 진실로 근본이 하나임을 알게 하는 것이다. 천부를 해설한 『천부경』을 보면 '시작도 끝도 없는 하나에서 하늘과 땅과 사람이 탄생하며, 하늘과 땅과 사람은 또 다시 그 하나로 되돌아간다.'고 노래하고 있다. 너와 내가 하나이며, 나와 만물이 하나임을 알게 하는 것이 천부삼인이다. 그러므로 천부삼인 이치를 깨달은즉 어찌 서로 사랑하지 않을 수 있으랴!

**6. 계불禊祓**   계禊는 '부정을 씻기 위한 목욕재계의 행사'를 의미하며, 불祓은 '푸닥거리하다', '부정을 없애다'는 뜻이다. 그러므로 계불은 목욕재계하고 부정을 없애는 의식이다. 물로써 부정을 씻는 세례洗禮는 모든 종교에서 나타난다.

7. **환인씨桓因氏**  환인씨는 유인씨 뒤를 이어 세상을 다스렸다. 『태백일사』는 『조대기』를 인용하여 환인씨가 7세를 이었다고 하였다.

"옛날에 환국이 있었는데 백성의 생활이 부유하고 풍족하였다. 처음에 환인이 천산에 있으면서 도를 얻어 오래 살고 몸을 다스려 병이 없었다. 하늘을 대신하여 백성을 교화하여 사람들이 전쟁의 화를 입지 않았다. 그러다 보니 모두 부지런히 일하여 굶주리거나 추위에 떠는 자가 없었다.

혁서 환인, 고시리 환인, 주우양 환인, 석제임 환인, 구을리 환인, 지위리 환인에 이르렀다. 지위리 환인을 단인檀因이라고도 한다. 7세를 이어 역년이 3,301년 혹은 63,182년이라고 한다."(고동영 저 『환단고기』 130쪽)

8. **이치 깨우치는 일**  천부 이치를 깨우치는 일은 복본하여 마고성 낙원으로 가는 첫 걸음이다. 『부도지』 제20장에서 "사람의 일은 이치를 깨닫는 것이요, 인간세상 일은 그 이치를 깨달은 사람의 일을 밝히는 것이다. 이외에 다시 무엇이 있으리오. 그러므로 부도의 법은 천수 이치를 밝게 깨달아 사람으로 하여금 그 본래 임무를 다하여 그 본래 복을 받도록 하는 것이다."고 하였다.

# 제2부

◆

# 역사시대

제11장. 환웅씨 시대

제12장. 임검씨 시대

제13장. 부도符都 건설

제14장. 신시神市 모임

제15장. 조선제의 유래

제16장. 부도의 특산물

제17장. 도요陶堯의 반란

제18장. 유순有舜의 배반

제19장. 요순堯舜의 멸망

제20장. 우禹의 반란

제21장. 황당무계한 오행설

제22장. 역은 화복의 근본

제23장. 부도符都의 역

제24장. 우禹의 멸망

제25장. 월식과 성생 땅에 전도

제26장. 천부天符의 봉쇄

# 제11장. 환웅씨 시대

환인씨 아들 환웅씨桓雄氏[1]는 태어나면서 큰 뜻을 품었다.
천부삼인을 계승하여 계禊를 닦고 불祓을 없애며 천웅의 도[2]를 세워
사람으로 하여금 그 말미암은 바를 알게 하였다.

어느덧 인간세상이 먹고 입는 일에 편중하므로 환웅씨가
무여율법無餘律法[3] 4조를 지어 환부鰥夫[4]로 하여금 조절하게 하였다.

"첫째, 사람의 행적은 항상 분명하고 가지런하게 하라.
남몰래 꾸며서 귀鬼가 되고 번거롭게 막혀 마魔가 되지 않도록 하며
인간세상으로 하여금 밝게 통하여 하나의 장애도 남지 않게 하라."

"둘째, 사람이 모은 것은 죽어서 공을 쌓는 데 쓰도록 하라.
더럽게 늘어놓아 귀鬼가 되고, 낭비하여 마魔가 되지 않도록 하며
인간세상으로 하여금 두루 윤택하게 하여
하나의 유감도 남지 않게 하라."

"셋째, 완고하고 사악한 사람은 광야로 귀양 보내라.
그리하여 항상 그 행실이 드러나지 못하도록 하며
사악한 기운이 세상에 남지 않게 하라."

---

桓因氏之子桓雄氏 生而有大志 繼承天符三印 修禊除祓 立天雄之
道 使人知其所由 於焉 人世偏重於衣食之業 桓雄氏 制無餘律法四
條 使鰥夫調節 一曰 人之行蹟 時時清濟 勿使暗結生鬼 煩滯化魔
使人世 通明無餘一章 二曰 人之聚積 死後堤功 勿使陳垢生鬼 濫
費化魔 使人世 普洽無餘一憾 三曰 頑着邪惑者 謫居於曠野 時時
被其行 使邪氣 無餘於世上

"넷째, 큰 죄를 지은 사람은 섬도暹島[5]로 유배를 보내라.
그리고 죽은 후에 그 시체를 태워 죄업이 지상에 남지 않게 하라."

또 집과 배와 수레를 만들어 사람들이 거주하고
여행하는 법을 가르쳤다.

그리하여 환웅씨는 처음으로 바다에 배를 띄우고[6]
사해를 순방하며 천부天符를 밝게 깨달아 몸을 닦고
모든 족속의 소식을 서로 통하며 근본을 잊지 말 것을 호소하고
집과 배와 수레를 만들고 음식 익혀 먹는 법을 가르쳤다.

환웅씨가 돌아와 팔음八音과 이문二文[7]을 정리하고
역수와 의학을 정하며 천문과 지리를 저술하여
널리 인간세상을 이롭게 하였다.
이는 세상은 멀고 법은 느슨해져 사람들의 암중모색하는 바가
점점 거짓으로 치달으니 늘 사용하는 사물 사이에서
근본의 도를 지켜 이치를 밝히고자 함이었다.

이로부터 배우고 익히는 풍속이 일어나기 시작하니
사람의 성품은 어리석고 어두워 배우지 않으면
알지 못하는 까닭이었다.

---

四曰 大犯罪過者 流居於暹島 死後焚其尸 使罪業無餘於地上 又作宮室
舟車 教人居旅 於是 桓雄氏 始乘舟浮海 巡訪四海 照證天符修身 疏通
諸族之消息 訴言根本之不忘 教宮室舟車火食之法 桓雄氏 歸而修八音
二文 定曆數醫藥 述天文地理 弘益人世 此 世遠法弛 諸人之暗揣摸索
漸增詐端故 欲保根本之道於 日用事物之間而 使昭然也 自是 始興修學
之風 人性昏昧 不學則不知故也

1. **환웅씨桓雄氏**  환웅씨는 환인씨 뒤를 이어 세상을 다스렸다. 『환단고기』「신시역대기」에 의하면 "배달은 환웅이 하늘을 열면서 있은 호칭이다. 도읍한 곳은 신시이며 뒤에 청구로 옮겨 18세를 이어 전하였다. 역년은 1,565이다."고 하였다(고동영 저 『환단고기』 30쪽).

환웅천왕이 처음 도읍한 곳에 관하여 『환단고기』「삼성기」는 "환웅이 하느님 명을 받아 백산白山과 흑수黑水 사이에 내려왔다."고 하였다. 또 『삼국유사』「고조선 편」에서는 "고기古記에 이르기를 옛날에 환인의 아들 환웅이 항상 천하에 뜻을 두고 인간 세상을 탐내거늘, 아버지가 아들 뜻을 알고 삼위태백三危太白을 내려다보고 인간을 널리 이롭게 할 만하므로 이에 천부인天符印 3개를 주고 세상을 다스리게 하였다. 환웅이 무리 삼천을 거느리고 태백산 꼭대기 신단수 밑에 내려와 여기에 신시를 여니 이가 환웅천왕이다."고 하였다.

여기서 백산은 태백산과 같은 뜻이다. 또 흑수는 중국 청해성의 삼위산三危山을 지나는 강이다(『서경』 우공89장). 그러므로 『환단고기』의 '백산과 흑수 사이'는 『삼국유사』의 '삼위산과 태백산 사이(三危太白)'와 같은 곳으로 환웅천왕 도읍지는 현 중국 섬서성 장안의 태백산 일대였다. 후대 14세 치우천왕 때 도읍을 청구靑邱로 옮겼는데, 청구는 산동반도 태산을 중심으로 한 현 중국 동해안 지역이다.

2. **천웅의 도**  환웅천왕의 도이다(『부도지』 제27장 참조).

3. **무여율법無餘律法**  『부도지』에 보이는 인류 최초의 강제적이고 징벌적인 종교적 율법이다. 환웅씨 시대에 이르러 인간

세상이 복본復本에 힘쓰지 않고 먹고 입는 일에 편중하게 되었다. 먹고 입는 일은 투쟁이 수반되므로 무여율법을 제정하여 다스렸다. 무여율법 제1조는 언행일치의 마음가짐을, 제2조는 유산의 사회 환원을, 제3조와 제4조는 죄를 지은 자의 사회 격리를 말하고 있다.

4. **환부鰥夫** 무여율법을 집행하는 사람이다. 환鰥은 홀아비라는 뜻으로 신부나 승려처럼 결혼하지 않고 수행하는 사람이다. 부양할 가족이 없으므로 법을 좀 더 공정하게 집행할 수 있었다.

5. **섬도暹島** '섬暹'은 해 돋을 섬. 나라 이름 섬으로 새긴다. 섬라暹羅는 1949년 이전의 태국 국호로, 우리 기록에 자주 등장한다. 『삼국유사』「가락국기」에는 김수로왕 부인 허황옥이 여기서 온 것으로 되어 있으며, 『환단고기』「고구려국 본기」에는 백제인이 그들과 교역하였다고 쓰여 있다. 타이 메콩강 중류에 있는 반치엔에서는 서기 전 3,500년경의 청동유적이 발견된 바 있다(김은수 역 『부도지』 참조).

6. **바다에 배를 띄우고** 인류 최초로 바다에 배를 띄운 기록이다. 환웅씨 시대는 지금으로부터 6,000년이 넘는 까마득한 옛날이야기이다. 과연 그 시대에도 배가 있었을까? 최근 한 고고학 발굴은 『부도지』가 정확함을 확인시켜 준다. 지난 2004년에 경남 창녕 비봉리 유적에서 8천 년 전까지 거슬러 올라가는 신석기시대 조기早期 배 2척이 발굴되었으며, 2010년에는 7,000년 전쯤에 사용한 것으로 생각되는 신석기시대 노 1점이 발굴됐

다(2010/08/17일자 연합뉴스).

7. **팔음八音과 이문二文**  고대에는 모든 음을 팔음으로 표현하였다. 팔음은 쇠[金]·돌[石]·실[絲]·대나무[竹]·박[匏]·흙[土]·가죽[革]·나무[木] 등 8가지를 소재로 하여 만든 악기에서 나는 소리이다(『서경』「요전」13장).

팔음을 정리하였다는 것은 여러 민족 음악을 모두 정리하여 집대성한 것이다. 이문二文은 두 가지 글자로 원시 뜻글자와 원시 소리글자이다. 천지자연 모습을 형상화한 것이 뜻글자이며, 천지자연 소리를 형상화한 것이 소리글자이다.

『환단고기』에 따르면 배달나라 환웅천왕 시절에 신지 혁덕赫德이 사슴 발자국을 보고 녹도문을 만들었다고 하는데 이것이 기록에 나타나는 원시 뜻글자 기원이다. 또 단군조선 3세 가륵嘉勒 단군 시절에 삼랑 을보록이 가림토加臨土 글자를 만들었다고 하는데 이것이 기록에 나타나는 원시 소리글자 기원이다. 그러나 본문에 따르면 한글의 모태가 되는 소리글자 또한 단군조선 가림토보다 훨씬 이전의 환웅천왕 시절부터 있었다.

집현전 학사 정인지는 『훈민정음 해례解例』 서문에서 세종대왕이 옛 글자를 본떠 한글을 만들었음을 다음과 같이 밝히고 있다.

"천지자연에 소리가 있으면 반드시 천지자연의 글이 있다. 그러므로 옛사람이 소리에 따른 글자를 만들어서 만물의 뜻을 통하였고(所以古人因聲制字 以通萬物之情), 삼재三才의 이치를 담았으므로 후세에도 바뀌지 않았다. (중략) 계해 겨울에 전하께서 정음 28자를 만들어 간략한 예를 들어 보이시고, 이름을 훈

민정음이라 하셨다.

　옛 글자를 본떠 상형象形문자를 만들었다(象形而字倣古篆). 소리를 바탕 삼았으므로 음은 칠조七調에 맞으며, 삼극三極의 뜻과 음양의 묘함을 담지 않음이 없다. 28자로써 전환이 무궁하고, 간편하게 얻고, 자세하게 통한다. 그러므로 지혜로운 자는 조회가 끝나기 전에, 어리석은 자라도 열흘만 배우면 글을 해석하여 그 뜻을 알 수 있다. 이로써 송사를 심리하면 가히 그 정상을 알 수 있다. 자운字韻은 청탁을 구별할 수 있고, 악가樂歌는 율려律呂가 어울린다. 쓰는 데 부족한 바가 없고, 가서 통하지 않는 곳이 없다. 바람소리, 학 울음소리, 닭 울음소리, 개 짖는 소리일지라도 모두 글로 적을 수 있다. (하략)."

# 제12장. 임검씨 시대

환웅씨가 임검씨壬儉氏[1]를 낳았다. 이때에 사해의 모든 족속이
천부天符[2] 이치를 가르치고 익히지 아니하며
스스로 미혹 속으로 떨어지니 인간세상이 고통스러웠다.

임검씨가 천하를 크게 걱정하는 마음을 품고
천웅의 도를 닦으며 계불 의식을 행하고
천부삼인天符三印을 이어받았다.

갈고 심으며 누에를 치고 칡을 먹으며
도자기를 굽는 법을 가르치고 교역과 결혼하고
족보를 기록하는 제도를 폈다.

---

桓雄氏生壬儉氏 時 四海諸族 不講天符之理 自沒於迷惑之中
人世因苦 壬儉氏 懷大憂於天下 修天雄之道 行禊祓之儀 繼受
天符三印 敎耕稼蠶葛陶窯之法 布交易稼聚譜錄之制 壬儉氏 啖
根吸露 身生毛摻

임검씨가 뿌리를 먹고 이슬을 마시므로 몸에 가는 털이
생겨났다. 사해를 널리 돌아다니며[3] 모든 족속을 차례로
방문하니 백 년 동안에 가지 않은 곳이 없었다.

천부天符를 밝게 깨달아 몸을 닦고[4] 의혹을 풀어
복본復本할 것을 맹세하며 부도符都[5] 건설을 약속하였다.
이는 땅은 멀고 소식이 끊어져 모든 족속의 언어풍속이
차츰 달라지므로 함께 모여 화합하는 자리에서 천부 이치를
가르치고 배워서 지혜를 밝히고자 함이었다.

이것이 후일 회강會講의 실마리가 되니
사람의 일이 번거롭고 바빠서 가르치고 배우지 않으면
잊어버리는 까닭이었다.

---

遍踏四海 歷訪諸族 百年之間 無所不往 照證天符修信 盟解惑復本
之誓 定符都建設之約 此 地遠身絶 諸族之地 言語風俗 漸變相異
故 欲講天符之理於 會同協和之席而 使明知也 是爲後日會講之緒
人事煩忙 不講則忘失故也

1. **임검씨壬儉氏** 임검씨는 환웅씨 뒤를 이어 세상을 다스렸으며, 마고성을 본떠서 부도符都를 건설하였다. 『부도지』는 무려 13장(제13~25장)에 걸쳐 임검씨 부도에서 일어났던 역사를 기술하고 있다. 단군조선의 장엄했던 역사를 증언하는 소중한 내용들이 가득하다.

2. **천부天符** 천부인 또는 천부삼인으로도 불리며, 『부도지』를 비롯하여 『환단고기』·『삼국유사』 등 한민족 상고사에서 하늘 권능을 상징하는 신물로 많이 등장하고 있다. 『삼국유사』는 환웅천왕이 천부인 3개를 가지고 세상을 다스렸다고 하였다. 천부가 이처럼 중요함에도 불구하고 지금까지 천부가 무엇인지 뚜렷한 정설이 없다. 천부 또는 천부삼인에 관하여 가장 많은 기록을 남기고 있는 역사서가 『부도지』이다. 요약하면 다음과 같다.

(1) 천부는 하늘 권능을 계승하는 것이다(제1장).
(2) 천부는 천지본음天地本音의 모습으로 진리가 하나임을 알게 한다(제10장).
(3) 천부를 밝게 깨달아 몸을 닦는다(제11장).
(4) 천부 이치를 모르면 미혹에 떨어져서 인간세상이 고통스럽다(제12장).
(5) 부도符都 건설은 함께 모여 화합하는 자리에서 천부 이치를 가르치고 배워 지혜를 밝히고자 함이었다(제12장).
(6) 천부의 음音에 준하여 모든 족속의 말과 글을 정리하였다(제14장).
(7) 칠색보옥에 천부를 새겨 방장해인이라 했다(제14장).
(8) 천부를 받들어 모신 성황이 천 년 동안 전역으로 퍼졌다

(제14장).

(9) 요堯가 거북이 등의 부문負文과 명영蓂英의 피고 지는 것을 보고 신의 계시라 여겼다. 이로 인하여 새로 역을 만들고 천부 이치와 부도符都 역을 버리니 이것이 인간세상의 두 번째 큰 변고였다(제17장).

(10) 천부는 거의 잊혀져서 혹시 아는 사람이 있어도 모두 음이 다르게 변형되어 마랑의 원행이 참으로 어려웠다(제30장).

위의 내용을 통하여 천부는 하늘 권능을 계승하는 상징이며, 천부 이치를 통하여 수행과 깨달음을 얻었으며, (5)에서 보듯이 단군임검이 부도(符都, 아사달)를 건설한 이유는 천부 이치를 가르치고 배우기 위함이었다. 또 (2), (6), (10)을 통하여 천부는 소리를 내어 읽을 수 있음을 알 수 있다.

그리고 (9)에서 요임금이 부문負文과 명영蓂英을 통하여 새로운 역을 만들고 천부 이치와 부도 역을 버렸다고 증언한 대목이 매우 중요하다. 부문負文이 천부와 대립관계에 있음을 알 수 있는데, 부문負文은 중국 상고시대 요임금 시절 신령스런 거북이가 등에 지고 나왔다는 낙서洛書를 가리킨다. 낙서와 대립관계에 있는 것은 하도河圖이므로 천부는 하도와 깊은 관련이 있다.

하도河圖는 예로부터 우주의 설계도로 존중되어 오던 신물神物이다. 하도의 가장 큰 특징은 음양이 평등하고, 남녀가 평등하고, 만인이 평등하고, 만물이 평등한 원리를 나타내고 있다. 또한 중앙 10수가 의미하듯이 동서남북(10=1+2+3+4)의 모든 민족이 합의를 바탕으로 일을 처리하는 원리를 나타내고 있다. 이러한 하도 정신은 우리 민족이 대대로 이어온 화백제도와 홍익인간의 인내천과 민족자치, 지방자치로 구현되어 왔다(『부도지』 제17장 참조).

또 위의 (7), (8)에서 천부가 옥돌에 새겨져 전해지고, 수많은 성황에서 천부가 모셔졌으므로 앞으로 고고학 발굴을 통하여 천부를 확인할 수 있는 날이 오리라 본다. 그리고 다행스럽게도 오늘날 천부를 해설한 『천부경天符經』이 세상에 전해지고 있다. 『천부경』은 81자의 한문으로 된 경전이며, 전해진 경위에 대하여 『태백일사』「소도경전본훈」(고동영 저 『환단고기』 193~194쪽)에 다음과 같이 기록하고 있다.

"『천부경』은 환국에서 입으로 전해 내려오던 경이다. 환웅대성존이 하늘에서 내려온 뒤 신지 혁덕에게 명하여 녹도문으로 기록하게 하였다. 뒤에 고운 최치원이 신지의 전서篆書로 쓰인 옛 비석을 보고 『천부경』을 한자로 옮겨 세상에 전하였다. 그러나 이왕조에 이르러서는 유서儒書에만 전념하고 조의皂衣와 더불어 묻고 들으려 하지 않았다. 이 또한 한스러운 일이다. 그러니 이것을 특별히 여기에 옮겨 뒤에 오는 이들에게 보이려 하는 것이다."

## 天 符 經

一 始 無 始 一 析 三 極 無
盡 本 天 一 一 地 一 二 人
一 三 一 積 十 鉅 無 匱 化
三 天 二 三 地 二 三 人 二
三 大 三 合 六 生 七 八 九
運 三 四 成 環 五 七 一 妙
衍 萬 往 萬 來 用 變 不 動
本 本 心 本 太 陽 昂 明 人
中 天 地 一 一 終 無 終 一

『부도지』는 마고성 천부가 황궁씨·유인씨·환인씨·환웅씨·임검씨·부루씨·읍루씨를 거쳐 신라 박혁거세에게 전해지는 한민족 1만여 년의 장엄한 역사를 기술하고 있다. 한민족 역사는 천부를 계승하고 실천한 역사였다. 마고성 사람들이 천부를 배우고 실천하였기에 마고성은 지상천국이 될 수 있었다.

단군임검이 세운 고조선 수도를 부도(符都, 아사달)라고 한 것도 '천부天符를 받들어 모신 도읍지'라는 뜻이며, 고조선이 마고성을 본받아 천부를 배우고 실천하여 지상천국을 구현하고자 하는 간절한 염원이었다.

3. **사해를 널리 돌아다니며** '사해를 널리 돌아다닌 것'은 황궁씨 후손들이 대대로 사해의 모든 족속을 방문하여 천부 진리를 전하고 복본의 맹세를 지키려는 노력이었다. 임검씨는 백 년 동안 사해의 모든 족속을 방문하여, 함께 모여 화합하는 자리에서 천부 이치를 가르치고 배울 수 있도록 부도(符都, 단군조선의 수도 아사달을 말한다) 건설을 약속하였다.

4. **천부天符를 밝게 깨달아 몸을 닦고** 천부를 깨닫는 것이 수신修身의 근본이다.

5. **부도符都** 단군임검의 수도 아사달이다(『부도지』 제13장 참조).

# 제13장. 부도符都 건설

임검씨가 돌아와 부도符都[1] 건설할 땅을 고르니
바로 동북쪽 자석이 가리키는 방향이었다.
이는 2와 6이 교감하는 핵을 품은 지역이며
4와 8이 상생하여 열매 맺는 땅이었다.

밝은 산 맑은 물이 만 리에 연이어 펼쳐 있고
바다와 육지는 두루 잇닿아 물갈래가 열 방향으로 흘러드니
바로 9와 1이 끝나고 시작되는 하느님 터전[2]이었다.

인삼과 잣과 일곱 색깔 옥돌이
금강 심장부에 뿌리내려 전 지역에 가득하였다.
이는 1과 3과 5와 7의 자삭磁朔 정기가 모여들어
물질을 이루며 길함을 쫓는 까닭이었다.

---

壬儉氏 歸而擇符都建設之地 卽東北之磁方也 此二六交感懷核
之域 四八相生結果之地 明山麗水 連亘萬里 海陸通涉 派達十
方 卽九一終始 不咸之基也 三根靈草 五葉瑞實 七色寶玉 托
根於金剛之臟 遍滿於全域 此一三五七磁朔之精 會方成物而
順吉者也

이에 태백산 밝은 땅 정상에 천부단天符壇[3]을 쌓고
사방에는 보단堡壇을 세웠다. 보단과 보단 사이에는
각각 세 겹의 물길을 통하니 그 사이가 천 리요,
물길 좌우에는 각각 수관을 설치하였다.

이는 모두 마고본성麻姑本城을 본 뜬 것이었다.

또 그 아래에는 도시를 구획하여 만들고[4] 삼해三海[5] 주변에는
빙 둘러 못이 들어섰다. 네 나루와 네 포구[6]는 천 리 간격으로
잇달아 동東과 서西로 빙 둘러 늘어섰다.

또한 나루와 포구 사이에는 6부六部를 설치하여
모든 족속이 거처하며 살게 하였다.
부도가 완성되니 웅장하고 아름다우며 밝게 빛났다.
족히 사해를 아우르고 모든 족속을 살리는 혈맥이 되었다.

---

乃築天符壇於 太白明地之頭 設堡壇於四方 堡壇之間 各通三條道
溝 其間千里也 道溝左右 各設守關 此取法於麻姑之本城 劃都坊於
下部之体 圜涵澤於三海之周 四津四浦 連隔千里 環列於東西 津浦
之間 又設六部 此爲諸族之率居也 符都旣成 雄麗光明 足爲四海之
總和 諸族之生脉

1. **부도符都**　천부도天符都의 줄임말이다. 부도는 '천부天符를 받들어 모신 도읍지' 또는 '하늘 뜻에 맞는 도읍지'라는 의미로 단군임검의 고조선 수도 아사달이다. 부도를 건설한 목적은 땅은 멀고 왕래가 끊어져 모든 족속의 언어풍속이 차츰 달라지므로 함께 모여 화합하는 자리에서 천부天符 이치를 가르치고 배워서 지혜를 밝히고자 함이었다. 단군임검은 100여 년 동안 사해를 순행하면서 각 족속에게 천부 이치를 전하고, 마고성 회복을 위하여 이상향인 부도 건설을 약속하였다(『부도지』 제12장 참조).

순행을 마치고 돌아와서 부도 건설에 착수하였는데 그 부도 위치가 어디일까? 지금까지 단군임검이 수도로 삼은 아사달에 대하여 백두산 또는 평양이나 만주벌판 어디쯤으로 의견이 분분한 실정이다. 우리 상고사를 올바로 이해하려면 아사달 위치를 알아야 한다. 하지만 아사달 위치를 제대로 전하는 기록이 없었으며 우리 상고사는 지금까지 안갯속을 헤매고 있다. 그러나 『부도지』는 참으로 명쾌하면서도 아름답게 부도(아사달) 건설의 목적과 위치 및 규모 등을 자세히 기록하고 있다. 아사달 위치가 밝혀지면 짙은 안개가 걷히고 한민족의 장엄했던 상고사가 그 모습을 드러내리라! 본문 내용에 따라 부도(아사달) 위치를 찾아보자.

## (1) 동북 자방磁方의 땅

임검씨가 돌아와 부도 건설할 땅을 고르니, 바로 동북쪽 자석이 가리키는 방향이었다. 중국 대륙을 기준으로 삼았을 때 동북 방향은 산서성·하북성과 요령성·길림성·흑룡강성 등 만주벌판 및 한반도를 포함하는 지역이다.

## (2) 명산려수明山麗水 연환만리連亘萬里

"밝은 산, 맑은 물이 만 리에 연이어 펼쳐 있다."는 뜻이다. 동북 방향에서 이러한 지역은 흑룡강성 북쪽에서 드넓은 만주 벌판을 감싸 안고 힘차게 뻗어 내리는 대흥안령산맥과 소흥안 령산맥을 들 수 있다. 두 산맥에서 각각 부도(아사달) 중심 태 백산을 찾을 수 있는데, 첫째 대흥안령산맥과 태행산맥이 만나 는 현 중국 북경 서남쪽 태백산과, 둘째 소흥안령을 거쳐 백두 산맥에 우뚝 솟은 민족의 영산 태백산(백두산의 옛 이름)과 태 백산맥 주봉인 강원도 태백산이 있다.

## (3) 해륙통섭海陸通涉 파달십방派達十方

이어서 부도 위치가 "바다와 육지는 두루 잇닿아 물갈래가 열 방향으로 흘러드는 곳"이라고 하였다. 동북 방향에서 이러한 곳 은 발해만과 황해밖에 없으며, 특히 물갈래가 사방팔방에서 흘 러드는 곳이 있다. 다음 지도(75쪽 참조)에서 신시神市라 표시 한 지역으로 백석산(白石山, 해발 2,096m)과 태백산(太白山, 해발 2,298m)이 자리한 곳이다. 남쪽에서는 고대 황하가 아홉 갈래로 흘러들고, 북쪽에서는 영정하·조하·백하, 서쪽에서는 대사하·당하·역하·거마하 등의 강물이 흘러들고, 동쪽에서는 발해만 해류가 대양의 기운을 끊임없이 실어 나르는 곳이다.

부도가 위치한 "바다와 육지는 두루 잇닿아 물갈래가 열 방향으로 흘러드는 곳"은 넓게 보면 발해만과 황해 일대이고, 좁게 보면 현 중국 하북성 백석산 일대로 특정할 수 있다. 발해만과 황해 일대가 대륙의 자궁이라면, 백석산 일대는 자궁 깊숙한 곳에서 엄마와 아기를 이어 주는 탯줄이 자리한 핵심 지역이다.

그러므로 본문에서 "이는 2와 6이 교감하는 핵을 품은 지역이며, 4와 8이 상생하여 열매 맺는 땅이었다."고 하였다.

"명산려수 연환만리 해륙통섭 파달십방" 참으로 간결하면서도 아름답게 부도 위치를 노래하고 있다. 동북 방향에서 "밝은 산 맑은 물이 만 리에 연이어 펼쳐 있고, 바다와 육지가 두루 잇닿아 물갈래가 열 방향으로 흘러드는 곳"의 조건에 부합되는 태백산은 발해만에 인접한 현 중국 하북성 북경 서남쪽에 있는 태백산이 가장 유력하다.

### (4) 보단지간 각통삼조도구 기간천리야其間千里也

태백산 정상에 천부단을 쌓고 사방에 보단堡壇을 설치하였다. 그리고 보단과 보단 사이를 세 겹의 물길로 서로 통하게 하였는데, 보단과 보단 사이 거리가 천 리라고 하였다. 부도(아사달) 위치를 정확하게 찾을 수 있는 결정적인 내용이다. 동서남북 보단이 각각 천여 리 물길로 서로 통하게 하려면 그러한 특수한 지형이 되어야 가능하며, 그 물길은 수천 년 세월이 흘렀지만 비슷하게 유지될 수밖에 없다. 위에서 살펴본 세 곳의 태백산 중 북경 서남쪽 태행산맥에 위치한 태백산이 유일하게 이 조건을 충족한다. 지도를 살펴보면 남양하(또는 상

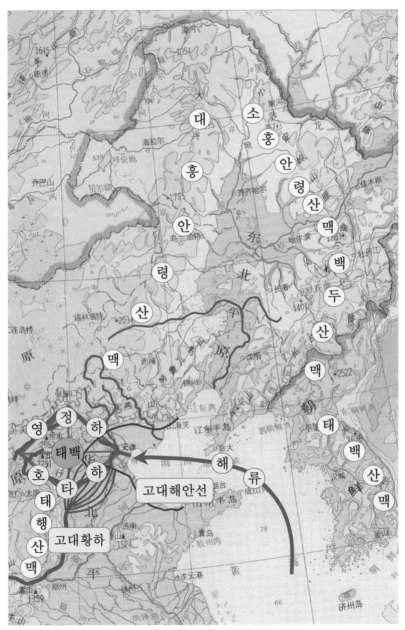

부도(아사달) 위치(붉은 선 사각형 내부)

건하)·영정하·호타하·자아하(또는 저룡하) 등이 천 리의 길
이로 다이아몬드형을 이루며 태백산을 둘러싸고 흐르는 모습
을 볼 수 있다. 한반도 백두산이나 태백산은 도저히 이런 조건
을 충족할 수 없다. 그러므로 『부도지』에서 전하는 부도(아사
달) 위치는 지도에서 붉은색 다이아몬드로 표시한 내부가 확실
하다. 동쪽은 천진天津, 서쪽은 영무寧武, 남쪽은 석가장石家
庄, 북쪽은 장가구張家口를 잇는 지역이다.

현재 중국지도집(1972년 판)에는 부도(아사달) 중심에 있는
산이 백석산으로 표기되어 있고, 그 서쪽에 있는 산이 태백산
으로 표기되어 있다. 『부도지』에 의하면 부도 중심에 있는 산
이 태백산이므로 현재 중국지도에서 백석산으로 표시된 산이
진정한 한민족 태백산이다. 그 태백산 아래 대륙을 가로질러
온 황하와 푸른 물결 넘실대는 발해만을 굽어보며 왕검성이
위치하였다. 현 중국 하북성 보정시保定市 만성현滿城縣 일대
이다(『고조선으로 가는 길』 161~164쪽 참조).

## (5) 각종 문헌을 통한 부도(아사달) 위치 고증

『부도지』에서 노래하는 아사달 위치는 중국의 각종 문헌에
나타나는 고조선 수도 아사달 위치와 정확하게 일치한다. 『회
남자』와 『태강지리지』 등 여러 사서에 따르면 고조선 중심부
에 갈석산이 우뚝 솟아 있었는데, 그 갈석산은 하북성 보정시
에 위치한 백석산이다.

또 『사기』 「조선열전」 본문과 주석에 따르면 고조선에는 습
수·열수·산수·패수라는 강물이 흘렀다. 중국의 각종 문헌기

록에 따르면 습수는 현 중국 하북성 북경 지역을 흐르는 영정
하이며, 열수는 하북성 남부 지역을 흐르는 호타하였다. 그리
고 산수는 현 중국 하북성 북경 지역을 관통하여 흐르는 조백
하이고, 패수는 하북성 보정시를 흐르는 당하였다(『고조선으로
가는 길』17~85쪽 참조). 필자는 지난 2015년, 『고조선으로
가는 길』이라는 책에서 중국의 수많은 사서 기록을 교차 검증
하여 고조선 수도 아사달이 현 중국 하북성 북경일대임을 밝
혔다. 또 문재인 정부 출범 시 "대한민국 민족·자주사관을 정
립하자"는 제목으로 〈국정운영 제안서〉를 제출하면서 고조선
중심지가 현 중국 하북성 북경일대임을 알 수 있는 핵심근거
10가지를 밝힌 바 있다(필자가 운영하는 다음카페 '마고의 노
래' 자료실 참조).

**2. 9와 1이 끝나고 시작되는 하느님 터전** 원문의 불함不咸
은 몽골어 부르한의 한자표기이며, 부르한은 몽골어로 하느님
이라는 뜻이다. 또 동북방은 주역에서 간방艮方으로 '만물이
끝나고 만물이 시작되는 곳(終萬物始萬物)'을 의미한다. 그러므
로 발해만 유역은 '9가 끝나고 1이 시작되는 하느님 터전(九一
終始 不咸之基)'이라는 뜻이다.

발해만을 보면 수많은 강줄기가 사방팔방에서 흘러들어 끝나
니 9(수가 많음을 의미함)가 끝나는 것이요, 그 9가 끝나면서
발해라는 큰 바다인 1이 시작된다. 드넓은 바다에서 바닷물이
수증기로 구름이 되어 자유자재로 세상을 떠다니다가 단비로 내
리고, 빗물이 모여 모여 수많은 강물을 이루어 수천 리 수만 리
대지를 굽이굽이 적시며 또 다시 고향으로 되돌아오는 발해만은

끊임없이 돌고 도는 진리를 상징적으로 보여 주는 곳이다.

3. **천부단天符壇**　제1장에서 "마고성이 천부를 받들어 모시고 선천하늘을 계승하였다."고 선언하였다. 천부는 하늘 권능을 계승하는 신물神物이며, 천부단은 천부를 받들어 모신 단으로 천문을 관측하며 하늘에 제사를 지낸 곳이다.

4 **도시를 구획하여 만들고**　부도의 중심 천부단을 중심으로 사방에 보단을 만들어 그 주위를 4,000여 리 물길로 감싸고, 그 물길 바깥에 부도 위성도시를 구획하여 만들었다. 지도를 살펴보면 물길 밖으로 동북쪽에 북경시, 동남쪽에 발해시, 서북쪽에 대동시, 서남쪽에 태원시 등 예로부터 이름난 도시들이 자리하고 있다. 획도방획都坊은 도시를 정방형 바둑판 모양으로 반듯하게 구획하여 만드는 것이다. 고조선 도시들은 구획된 계획도시였다.

5 **삼해三海**　발해만과 황해 일대이다. 발해만과 황해 일대는 중국에서 보면 동해이고, 몽고 등에서 보면 남해이며, 한반도에서 보면 서해이다. 하나의 바다이면서도 보는 시각에 따라 삼해가 된다.

6 **네 나루와 네 포구**　발해만과 황해 주위로 네 개의 나루와 네 개의 포구를 천 리 간격으로 설치하여 수상교역 중심지로 삼았다. 여덟 개 나루와 포구가 8,000여 리에 걸쳐 이어졌다. 8,000여 리는 대략 중국 양자강에서 발해만을 빙 돌아서

한반도 남단에 이르는 거리이다. 다음 지도에서 사진사포(해시) 위치는 천진을 기준으로 대략 천 리 간격의 거리와 큰 강물이 흐르며, 고대로부터 큰 못이 있던 곳을 배열하였다.

단군임검 시대에는 신시神市와 조시朝市와 해시海市라는 모임을 통하여 세상을 교화하고 다스렸다. 신시神市는 수도 아사달에서 10년마다 한 번씩 열렸으며, 조시朝市는 섬서성 장안에서 매년 10월에 열렸으며, 해시海市는 사진사포四津四浦에서 매년 10월 조시朝市와 함께 열렸다. 신시와 조시와 해시는 단군조선 핵심 지역이다. 우리 상고사를 한 눈에 볼 수 있는 중요한 내용이다. 신시·조시·해시에 대한 내용은 제14장과 제15장에서 자세하게 나온다.

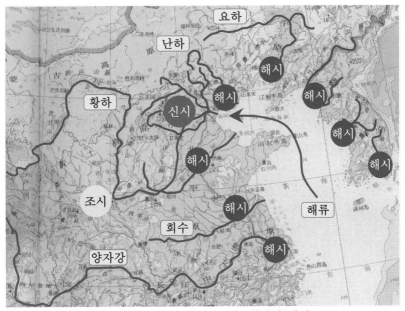

단군조선 중심지 신시, 조시, 해시의 위치

# 제14장. 신시神市 모임

그리하여 황궁씨 후예[1] 6만이 이주하여 지키고
나무를 베어 8만 개 뗏목을 만들어
신부信符[2]를 새긴 후 천지[3] 물에 흘려보내
사해의 모든 족속을 초청하였다.

모든 족속이 신부信符가 새겨진 뗏목을 보고
차례로 모여 들어 박달나무숲에서
신시神市[4]를 크게 열었다.

목욕재계하고 마음을 깨끗이 하여 하늘 상을 살피고
마고 계보를 연구하여 그 족속을 밝히며
천부 음音에 준하여 그 말과 글을 정리하였다.

---

於是 移黃穹氏之裔六萬 守之 乃割木作桴八萬 刻信符 流放於天池
之水 招四海諸族 諸族 得見信桴 次第來集 大開神市於朴達之林
修禊淨心 察于天象 修麻姑之譜 明其族屬 準天符之音 整其語文
又奠 定北辰七耀之位 燔贖於盤石之上

또 북극성과 칠요七耀 위치를 정하고 희생물을 구워
반석 위에 놓고 제사를 지내며 천웅의 음악을 연주하며
모여서 노래를 불렀다.

모든 족속이 방장산 방곤方壺 굴에서 칠색보옥을 캐서
천부를 새겨 방장해인이라 이르고 칠난七難[5]을 다스려 없애고
돌아갔다.

이로부터 10년마다 반드시 신시를 여니
말과 글이 같아지고 천하 법도가 하나 되고
인간세상이 크게 평화로웠다.

이에 따라 바닷가에 성을 쌓고 천부를 받들어 모시며
머무르는 모든 족속을 묵거나 살도록 하였다.
이로부터 천 년 사이에 성황城隍[6]이 전역으로 퍼졌다.

---

會歌而奏天雄之樂 諸族 採七寶之玉於 方丈方壺之堀 刻天符而 謂
之方丈海印 辟除七難而歸 自此 每十歲必開神市 於是 語文同軌
一準天下 人世太和 仍而築城於海隅 奉尊天符 使駐留諸族 館而居
之 爾來千年之間 城隍 遍滿於全域

1. **황궁씨 후예** 『부도지』가 전하는 황궁씨 후예 한민족의 계보는 마고 · 궁희 · 황궁씨 · 유인씨 · 환인씨 · 환웅씨 · 임검씨로 이어졌으며, '오미五味의 책임을 속죄하는 것과 대성大城의 일을 회복하는 일(『부도지』 제20장 참조)'을 주관해 왔다. 하늘에 제사 지내는 일과 세상 사람들이 진리를 깨닫고 인간 본성을 회복하여 잃어버린 마고성 낙원을 되찾는 성스러운 일을 황궁씨 후예들이 주관하였다. 황궁씨 후예들의 본류가 이동한 경로는 파미르고원 → 신강성 천산 → 청해성 기련산(일명 천산) → 섬서성 태백산 → 하북성 태백산 → 한반도 태백산으로 추정된다.

2. **신부信符** 천부天符의 다른 이름이다. 인류가 '오미五味의 화禍'로 인하여 마고성 낙원을 떠나서 동서남북으로 이별할 때, 황궁씨가 다시 만날 것을 기약하며 천부天符를 신표로 나누어 주었다(『부도지』 제8장 참조).

3. **천지天池** 중국 산서성에서 발원하는 상건하 상류에 있었다. 일반적으로 천지라고 하면 백두산 천지를 생각할 수 있다. 그러나 제13장에서 보았듯이 부도 위치는 한반도 백두산이 될 수 없으므로 천지는 부도(아사달) 내에서 찾아야 한다. 부도 제일 바깥쪽을 흐르는 강물이 호타하와 상건하인데 호타하 상류에 호지濠池가 있고 상건하 상류에 신지神池가 있다. 이 신지神池가 천지天池였다. 신지神池는 부도의 서쪽 보단이 있는 산서성 영무寧武 지역에 관잠산(管涔山 2,530m), 운중산(云中山 2,654m), 노아산(芦芽山 2,744m) 등 태산준령이 감싸고 있는 지역에 있다. 중국 고지도 『대청광여도』(다음 블로그 향고도/중국고지도)에는 이곳이 천지天池로 표기되어 있다. 특히 천지가 발원하는 노아산

은 신기하게도 해발 2,744m로 백두산과 높이가 같다.

4. 신시神市  단군조선 수도 아사달(부도)에서 10년마다 사해의 모든 족속이 모여 천부 진리를 익히며 천문관측, 족보정리, 말과 글의 정리, 역曆의 정리, 하늘에 제사 등을 행하는 인류대화합 축제였다. 상고시대 신시는 오늘날 유엔과 교황청 기능을 합한 것과 같은 정치·종교의 구심점 역할을 하였다. 이러한 신시 모임을 통하여 사해 모든 족속의 말과 글이 같아지고 천하 법도가 하나 되게 함으로써 홍익인간·이화세계의 대이상을 추구하였다.

『부도지』에 의하면 환웅씨 시대 이전까지 인류는 주로 산악 지역과 섬서성 태백산 등 대륙 중앙에 세상 중심인 부도(신시, 아사달)를 세웠다. 그러나 환웅씨 이후 임검씨 시대에 이르면서 배를 이용한 교통이 원활해지자 세상 중심인 부도가 발해만 쪽으로 이동하였다. 그리하여 단군임검이 부도를 북경 서남쪽 태백산 부근으로 정한 이래로 오늘날에 이르기까지 수천 년 동안 세상 중심은 태백산 부근 왕검성에서 북경을 잇는 지역으로 변함없이 이어지고 있다. 우리는 흔히 역사를 공부하면서 대륙 중심을 장안이나 낙양으로 생각하는 경향이 있다. 이는 소설 삼국지 영향이 크다. 소설 삼국지는 50여 년의 짧은 세월 동안 지나인들이 장안과 낙양을 중심으로 자기들끼리 골육상쟁을 벌인 역사를 미화한 것에 불과하다. 지난 수천 년 동안의 역사를 되돌아보면 장안이나 낙양에 도읍한 왕조는 대략 그 세력범위가 섬서성과 하남성을 넘지 못하였다. 하북성 북경 등 단군조선 부도(신시, 아사달) 부근에 수도를 정한 왕조만이 대륙 전체를 호령하였음을 알 수 있다. 고조선·원나라·명나라·청나라·중화민국 역사가 그러하다. 대륙 역사를 올바로 이해하려면 부도 역사를 알아야 한다. 본문에 따라 신시에서 행한 일들을 살펴보자.

## (1) 수계정심修禊淨心 찰우천상察于天象

수계정심은 목욕재계하고 마음을 깨끗이 하는 것이며, 찰우천상은 하늘의 상을 살피는 것이다. 신시에서 가장 중요한 일이 천문을 관측하고 역曆을 제정하는 일이었다. 고대에서 역曆은 모든 통치철학의 바탕이 되었다.

## (2) 수마고지보修麻姑之譜 명기족속明其族屬

마고 계보를 연구하여 그 족속을 밝히는 것은 족속 간 유대를 강화하는 지름길이다. 모든 인류는 마고의 자손이다. 마고 계보를 연구하여 각 족속이 서로 한 핏줄임을 확인하는 것이 인류 평화의 첫걸음이다.

## (3) 준천부지음準天符之音 정기어문整其語文

천부 음에 준하여 그 말과 글을 정리하였다. 천부 음은 한글 말이다. 파미르고원 마고성으로부터 사방으로 흩어진 각 족속들은 수천 년 세월이 흐름에 따라 천부 음을 잃어버리고 각각 처한 생활환경에 따라 언어와 문자가 모두 달라졌다. 언어와 문자가 달라지므로 서로 소통하지 못하고 끊임없는 다툼이 되풀이되었다. 그런 와중에서도 황궁씨·유인씨·환인씨·환웅씨·임검씨로 이어지는 한민족은 끊임없이 천부 음을 계승해 왔다. 그리고 온갖 어려움을 무릅쓰고 꾸준히 사해 모든 족속을 방문하여 천부

음을 전하고 말과 글을 통일하려고 애썼다. 단군임검 시대에 이르러 부도를 건설하고 신시를 통해 각 족속들의 지도자가 함께 모여 천부의 음을 익히고 각 족속에게 전함으로써 말과 글이 같아지게 되었다. 단군임검 시대에는 한글 말이 세계 공용어였다.

### (4) 전전奠

하늘에 제사를 지내는 것이다. 북극성과 칠요(七耀, 북두칠성 또는 일월화수목금토) 위치를 정하고, 희생물을 구워 반석 위에 놓고 제사 지내며, 천웅 음악을 연주하며 모여서 노래 부르는 의식을 거행하였다. '북극성과 칠요 위치를 정했다.'는 것은 희생물을 올리는 반석에 북극성과 북두칠성 등 별자리를 새긴 것이다. 최근 한반도에서 별자리 그림을 그린 것으로 볼 수 있는 고인돌이 여럿 발굴되고 있어 부도지 증언을 뒷받침하고 있다. 북한 학자들 주장에 의하면 함경남도 용석리 고인돌에 기원전 2300년경 별자리가 새겨져 있다고 한다. 또 기원전 1500년경의 함남 함주군 지석리 고인돌 구멍 및 기원전 500년경의 충북 청원군 아득이 고인돌 돌판에 난 구멍들이 북극성과 북두칠성 등 별자리를 나타내는 것으로 밝혀졌다.

5. **칠난七難** 칠정七政이 어지러워지는 것이다. 칠정은 해와 달과 다섯 별(水火木金土)의 운행을 뜻한다(『우서』「순전」 5장).

6. **성황城隍** 성황은 바닷가에 성을 쌓고 천부를 받들어 모시며, 여러 족속이 어울려 살아가는 곳으로 부도에서 유래되었다. 성황문화에 대한 소중한 증언이다.

# 제15장. 조선제의 유래

또 예澧와 양陽이 교차하는 중심지에 조시朝市[1]를 열고
팔택八澤[2]에서 해시海市[3]를 열었다.
매년 10월에 조제朝祭[4]를 지내니 사해의 모든 족속이
지방 토산물을 가져와 바쳤다. 산악족들은 사슴과 양을 바치고
해양족들은 생선과 조개를 바치며 빌었다.

"조제에 나아가 생선과 양을 희생으로 바치오니
오미의 피를 맑게 하여 창생의 허물을 그치게 하소서!"

이것이 바로 조선제朝鮮祭였다.

이때 산악과 해양 족속들이 생선과 고기를 많이 먹으므로
교역하는 물품이 거의 포와 조개류와 가죽류였다.
그리하여 희생제를 지냄으로서 사람들로 하여금 반성하고
공에 보답토록 하기 위함이었다.

---

又設朝市於 澧陽交地之腹 設海市於八澤 每歲十月 行朝祭 四海諸
族 皆以方物供進 山岳諸族 供之以鹿羊 海洋諸族 供之以魚蚧 乃
頌曰 朝祭供進 魚羊犧牲 五味血鮮 休咎蒼生 此謂之朝鮮祭 是時
山海諸族 多食魚肉 交易之物 擧皆包貝皮革之類故 乃行犧牲之祭
使人反省報功也 揷指于血 省察生命 注血于地 環報育功

손가락을 피에 꽂아 생명을 되돌아보고
땅에 피를 부어 기른 공에 보답하였다.
이는 희생물로 오미의 잘못을 갚고 허물 그치기를 바람이니
바로 육신을 지닌 괴로운 심경을 고백하는 것이었다.

매년 제를 지낼 때 물화가 폭주하므로 나루와 포구에서
해시海市를 크게 열었다. 부정을 없애고 몸을 깨끗이 하여
지리를 살피며, 교역의 법을 시행하여 그 가치와 양을 정하고
물건의 성질을 따져서 그 쓰임새를 밝혔다.

또 부도 팔택八澤 모양으로 못을 파고
굽이쳐 흐르는 물 사이에서 굿하고 점을 치며
물질의 풍요를 바라는 의식을 행하면서 모여 잔치를 열었다.

모든 족속이 봉래산 원교봉圓嶠峰에서 오엽서실 잣을 얻어
봉래해송이라 이르고 오행五幸을 은혜롭게 얻어 돌아갔다.
이로부터 사해에 산업과 교역이 왕성해져 천하가 넉넉하였다.

---

此代物而 償五味之過 願其休咎 卽肉身苦衷之告白也 每歲祭時 物
貨輻湊 廣開海市於津浦 除祓潔身 鑑于地理 行交易之法 定其値量
辨物性之本 明其利用 又象 鑿符都八澤之形 報賽於曲水之間 會燕
而行濟物之儀 諸族取五瑞之實於 蓬萊圓嶠之峰 卽栢子也 謂之蓬
萊海松 惠得五幸而歸 自此四海興産 交易殷盛 天下裕足

1. **조시朝市**　매년 10월, 사해 모든 족속이 조제朝祭를 지내기 위하여 모인 시장이다. 조시가 열린 곳은 예澧와 양陽이 교차하는 중심지로 현 중국 섬서성 장안부근이다.

예澧는 물 이름이다. 중국에서 가장 오래된 지도 중 하나로 꼽히는 「우공소재수산준천지도」(禹貢所載隨山浚川之圖　1209년작, 다음 블로그 향고도/중국고지도)에는 예수澧水가 두 곳에 있다. 하나는 중국 섬서성 태백산 쪽에서 발원하여 장안을 감싸고돌아 황하로 흘러들어간다. 다른 하나는 호남성에 있는 숭산을 끼고 돌아 양자강가의 동정호로 흘러가는 물이다. 양陽은 한수漢水 북쪽을 가리킨다. 한수는 섬서성 태백산 쪽에서 발원하여 호북성을 관통하여 흐르는 양자강 지류이다. 그러므로 한수 북쪽을 흐르는 예수는 장안을 감싸고돌아 황하로 흘러들어가는 물이다.

단군임검 시대 조시가 열린 섬서성 장안은 중국대륙 중심이며 육상교통 중심지였다. 환웅천왕이 무리 3,000명을 이끌고 내려와서 신시를 열었던 섬서성 태백산이 위치한 곳이다(『부도지』 제11장 참조).


2. **팔택八澤**　발해만과 황해 일대 수상교통 요지에 만든 8개 못이다. 본문의 "팔택에서 해시를 열었다."는 구절과 "매년 제를 지낼 때 물화가 폭주하므로 나루와 포구에서 해시를 크게 열었다."는 구절을 통하여 팔택에 네 나루와 네 포구를 설치하였음을 알 수 있다.

또 제13장에서 "네 나루와 네 포구는 천 리 간격으로 잇달아 동과 서로 빙 둘러 늘어섰다."고 하였다. 중국고지도 「우공소재수산준천지도」에서 중국 동해안에 대륙택大陸澤, 뇌택雷澤, 대야택大野澤, 진택震澤 등 4개의 큰 못이 있다. 이 4개의 못은 황하 등의 물길이 자주 바뀌면서 위치도 시대별로 많은 변동을 보이는데, 천진에서 양자강까지 대략 천 리 간격으로 배치하면 발해만 서쪽 4개의 못은 제13장에서 나타낸 지도 「단군조선 중심 신시, 조시, 해시의 위치」에 표시한 해시 위치와 같다. 발해만 동쪽 한반도에는 고대지도가 없어 고증하지 못했지만, 만주 벌판과 통하는 요하 하류, 대동강과 한강 및 낙동강 하류 등이 수상교통 요지로 단군임검이 사진사포와 8택을 만든 목적과 부합된다.

또 「우공소재수산준천지도」에서 도이島夷, 래이萊夷, 우이隅夷, 회이淮夷 등 우리 겨레 구이九夷가 천진에서부터 양자강 아래 지역까지 중국 동해안에 광범위하게 나타나 있다. 제13장에서 "나루와 포구 사이에는 6부六部를 설치하여 모든 족속이 거처하며 살게 하였다."는 증언과 일치한다. 발해만과 황해 일대가 단군임검의 터전이었음을 잘 보여 주고 있다.

3. **해시海市** 팔택에서 열렸던 시장이다. 해시에서는 교역의 법을 정하여 시행하고, 굿하고 점을 치며, 물질의 풍요를 기원하는 의식을 행하면서 잔치를 열고 모든 족속이 함께 어우러져 마시며 즐겼다. 매년 10월에 조제를 지낼 때 물화가 폭주하므로, 발해만과 황해 주변의 네 나루와 네 포구에 해시를 크게 열어 사해제족이 서로 특산물을 교환하였다.

4. **조제朝祭** 인류가 지상낙원 마고성을 상실하게 된 '오미의 화'를 반성하고 마고성을 회복하기 위하여 하늘에 제사를 지내는 간절한 의식이었다. 매년 10월 중국 섬서성 장안 부근에서 조시를 열고 조제를 지냈는데, 사해 모든 족속이 지방 토산물을

가져와 바쳤다. 이것이 후일 조공朝貢으로 변하였다.

## (1) 매세십월每歲十月 행조제行朝祭

매년 10월 조제를 지냈다. 예로부터 우리 민족은 10월을 상
달이라 부르며 1년 농사를 마감하고 수확한 곡식으로 감사하는
제천의식을 거행해 왔다. 이는 고구려의 동맹, 예맥의 무천 등
으로 이어졌다. 『삼국지』「위지 동이전」'예濊'를 보면 "항상 시
월에 절기행사로 하늘에 제사를 드리고 밤낮으로 음주가무를 즐
기는데, 이를 무천舞天이라 한다."고 하였다. 10월에 거행하는
제천행사가 아주 성대하였다.

오늘날은 10월 3일을 개천절로 기념하고 있다. 개천이란 환
웅이 처음으로 하늘을 열고 태백산 신단수 아래로 내려와 홍익
인간·이화세계의 뜻을 펼치기 시작한 사건을 가리킨다. 조제를
환웅천왕 도읍지 섬서성 장안부근에서 연 것도 환웅천왕의 개천
과 관련이 있다. 『부도지』를 통하여 10월에 성대한 제천의식을
거행하는 풍속이 단군조선의 조제로부터 비롯됨을 알 수 있다.

2005년 6월, 기원 직후 부족국가 시대 동예東濊의 제천풍속
으로 알던 무천舞天 행사가 이보다 앞서 고조선에서 열렸다는
고문서 기록이 발견되어 『부도지』 기록을 뒷받침하였다. 인천
시립박물관 윤용구 박사는 "1907년 영국의 A. 스타인이 중국
감숙성 돈황현에서 반출해 간 돈황문서의 『토원책부兎園策府』
에 지금은 전하지 않는 사서인 『위략』을 인용해 고조선에서 10
월에 무천이 열렸고, 출정에 앞서 소를 잡아 그 발굽 형상으로
길흉을 점치던 우제점牛蹄占 기록이 있다."고 말했다
(2005/06/10일자 한국일보).

## (2) 조제공진朝祭供進 어양희생魚羊犧牲

조제에 나아가 생선과 양을 희생물로 바쳤다. 산악족은 사슴과 양을 바치고, 해양족은 생선과 조개를 바쳤다. 조선의 '선鮮'자 의미를 짐작할 수 있다. 조제에 올리는 대표적인 희생물이 생선(魚)과 양(羊)이었으며 동시에 조선이 산악족과 해양족을 아우르는 거대한 나라였음을 나타내고 있다. 오늘날 한자에서 제후들이 천자에게 공물을 바치던 것을 조공朝貢, 제후가 천자를 알현하는 것을 조빙朝聘, 조선의 들을 나타내는 조야朝野가 천하를 의미하는 것을 보면 단군임검 당시 조선은 대륙 전체를 아우르는 천자국이었다.

## (3) 오미혈선五味血鮮 휴구창생休咎蒼生

조제에 나아가 생선과 양을 희생물로 바치오니 "오미의 피를 맑게 하여 창생의 허물을 그치게 하소서!" 하는 간절한 기도이다. 처음에 인류는 지상낙원 마고성에 살면서 품성이 순정하여 능히 조화를 알며, 지유를 마시므로 혈기가 맑고 밝았으며 그 수명이 한량없었다.

그러나 포도를 맛보고 강제로 다른 생명을 먹는 습관을 가짐으로써 사람들의 혈육이 거르지 않은 술처럼 탁해지고, 심기가 혹독하게 변하여 하늘 성품을 잃어버렸다. 수명은 짧아지고 죽을 때 천화遷化하지 못하여 썩게 되었다. 이것이 '오미의 화'다. 오미를 먹음으로 인하여 거르지 않은 술처럼 탁해진 '오미의 피'를 생선과 양 등의 희생물로 대속함으로써 다시 지상낙원 마고성을 회복하려는 간절한 기도가 조선제朝鮮祭였다.

# 제16장. 부도의 특산물

시에 온 사람들은 또 영주산瀛州山[1] 대여岱輿 골에서
삼근영초三根靈草[2]를 얻으니 바로 인삼이었다. 이를 영주해삼瀛
州海蔘이라 부르며 능히 삼덕三德을 지키고 돌아갔다.

무릇 인삼은 그 수격數格을 갖추며 자삭磁朔 지방에 난 것은
반드시 오래 산다. 40년을 1기로 잠을 자고, 13기를 1삭으로
정기를 모으며 4삭朔을 지나 열매를 맺고 화化한다.

이러한 것은 부도 지역이 아니면 얻을 수 없으므로
방삭초라 하니 세상에서 말하는 불사약이 바로 이것이다.
비록 작은 뿌리라도 부도 지역에서 난 것은 모두
영험이 있으므로 시에 온 사람들은 반드시 구하였다.

대저 삼근영초 인삼과, 오엽서실五葉瑞實[3] 잣과
칠색보옥七色寶玉[4] 부인符印은 진실로 불함삼역[5] 특산물이요
사해 모든 족속에게 하늘이 내린 혜택이었다.

---

來市者 又取三靈之根於 瀛州岱輿之谷 卽人蔘也 謂之瀛州海蔘 能
保三德而歸 盖人蔘 具其數格 生於磁朔之方者 必長生 以四十歲謂
一期休眠 以一三期爲一朔而蓄精 經四朔而結子乃化 如是者 非符都
之域卽 不得也 故 曰方朔草 世謂之不死藥 是也 其或小根 産於符
都之域者 皆有靈效故 來市者 必求之也 大抵三根靈草之人蔘 五葉
瑞實之栢子 七色寶玉之符印 眞是不咸三域之特産 四海諸族之天惠

1. **영주산瀛州山**  삼신산三神山의 하나이며, 예로부터 봉래산·방장산·영주산을 삼신산이라 하였다. 『열자』에 의하면, 발해 동쪽 수억만 리에 오신산五神山이 있는데, 그 높이는 각각 3만 리로 금과 옥으로 지은 누각이 늘어서 있고, 주옥珠玉으로 된 나무가 우거져 있다. 그 나무 열매를 먹으면 불로불사한다고 한다. 그곳에 사는 사람은 모두 선인仙人들로서 하늘을 날아다니며 살아간다. 오신산은 본래 큰 거북의 등에 업혀 있었는데, 뒤에 두 산은 흘러가 버리고 삼신산만 남았다고 한다. 우리나라에서는 금강산을 봉래산, 지리산을 방장산, 한라산을 영주산으로 부르기도 한다. 또 『규원사화』를 쓴 북애자는 삼신산을 백두산이라고 하였다.

『부도지』는 삼신산의 유래에 대하여 새로운 소식을 전하고 있는데, 불함삼역 특산물이 잣과 인삼과 옥이며 그 주요 생산지에 삼신산이 있다 하였다. 제13장에 살펴본 바와 같이 불함삼역은 하느님 터전으로 발해만과 황해 일대이다. 그러므로 봉래산·방장산·영주산은 발해만과 황해 일대에 있었다.

### (1) 봉래산은 산동반도 애산艾山이다.

발해만 산동성에 봉래시蓬萊市가 있으며, 봉래시에 애산艾山이 있다. 애艾는 '쑥'을 뜻하며, 봉래蓬萊도 '쑥과 명아주'를 의미하므로 애산과 봉래산은 둘 다 쑥이 많이 자생하는 산이라는 뜻이다. 산동성은 치우천왕이 한때 도읍했던 곳이며, 또 산동성 봉래시 일대는 중국 고대지도를 보면 우리 동이족 래이萊夷, 우이隅夷의 본거지이기도 하다. 이러한 사실들을 종합해 볼 때 봉래산은 산동반도 애산이 유력하다.

## (2) 영주산은 강화도 마니산이다.

영주산의 영주瀛洲는 바다 가운데 섬을 뜻한다. 발해만 지역 섬으로 인삼이 많이 나고 단군임검과 관련 있는 곳은 강화도이다. 강화도 마니산에는 단군임검이 하늘에 제사를 지냈다는 참성단이 있으며, 근처 정족산에는 단군임검 세 아들이 쌓았다는 삼랑성이 있다. 강화도는 수많은 고인돌이 산재하고 있어 선사시대부터 많은 사람들이 거주했던 지역이다. 또한 예로부터 강화도는 오령초五靈草라 하여 인삼·마늘·약쑥·순무·연이 유명한 곳이다. 인삼·쑥·마늘은 모두 단군임검과 관계가 많은 식품들이다. 이러한 사실들을 종합해 볼 때 『부도지』에서 말하는 영주산은 강화도 마니산이 유력하다.

## (3) 방장산은 요동반도 수암岫岩이다.

제14장에서 "모든 족속들이 방장산 방곤方壺 굴에서 칠색보옥을 캐서 천부를 새겨 방장해인이라 이르고, 칠난을 다스려 없애고 돌아갔다."고 하였다. 방장산은 옥 생산지였다.

중국은 세계적인 옥 생산지로 신강성 화전옥和田玉, 하남성 독산옥獨山玉, 호북성 녹송석綠松石, 요령성 수암옥岫岩玉이 특히 유명하여 중국 4대옥으로 불린다. 이 중 발해만에 위치한 요령성 수암옥이 옥의 기원으로 불린다. 수암岫岩은 '산 굴 바위'라는 뜻을 가지고 있으며, 칠색보옥이 생산되는 곳으로 『부도지』에서 말하는 방장산 방곤方壺 굴과 부합된다.

## (4) 삼신산은 발해 중심 지역에 위치하였다.

위에서 살펴본 삼신산은 발해 중심을 이루는 지역이며, 고대 발해만 뱃길 중심지에 있었다. 통일신라 이전까지 중국에서 한반도를 왕래할 때 많이 이용한 뱃길이 산동반도 등주에서 발해만을 건너 압록강 하구에 이른 후 해안선을 따라 남하하는 뱃길이었다. 삼신산을 잇는 선과 일치하는 뱃길이다. 산동반도 등주에서 요동반도 끝부분인 대련항은 작은 섬들이 점점이 연결되어 있어서 선박기술이 크게 발전하지 않았던 고대에도 안전하게 발해만을 횡단할 수 있는 뱃길이었다. 삼신산은 부도 특산품 잣과 인삼과 옥을 가장 안전하게 무역하는 고대의 환상적 뱃길 중심지였다.

## (5) 부도 특산물에 대한 고증

1982년 내몽고 적봉시 흥륭와촌에서 수암옥으로 제작된 옥 귀걸이 100여 점이 발견되었는데 기원전 6200년경 유물로 밝혀졌다. 그 후 한반도와 중국대륙에서 수암옥 유물이 계속 발굴되었다. 이에 따라 홍콩 중문대학교 등총 교수는 수암옥 전파경로를 흥륭와(BC 6200)-양자강(BC 5000~4000)-광동성 광주(BC 2500)-월남북부(BC 2000)-중국 운남성, 월남남부(BC 1000)로 추정하였다. 또 한국항공대 우실하 교수는 흥륭와-백두대간 동쪽-고성 문암리(BC 6200년 전후)-동남해안-여수 안도리, 일본 구주와 본토(BC 4000~3000)로 수암옥 이동경로를 추정하였다(우실하 저 『세계를 놀라게 한 홍산문화와 요하문명』).

『부도지』는 부도 특산물 수암옥이 단군임검 시대에 이미 아시아대륙 전체로 퍼져나갔음을 증언하고 있다. 위에서 발견된 고고학적 발굴들은 『부도지』 내용을 완벽하게 뒷받침하고 있다. 『부도지』가 아니면 지금으로부터 4,000년을 넘는 옛날에 요동 반도 수암옥이 전 아시아대륙으로 퍼져나간 사실을 설명하기 어렵다.

2. **삼근영초三根靈草**　인삼으로 영주해삼瀛州海蔘이라고도 하였다. 예로부터 인삼은 불로·장생·경신의 명약으로 일컬어졌다. 중국 의학서 『신농본초경』은 인삼 약효에 대해 "오장을 보호하고, 정신을 안정시키며 눈을 밝게 하고, 오래 복용하면 몸이 가벼워지고 오래 살 수 있다."고 하여 오늘날 과학으로 밝혀진 인삼 효능과 잘 부합된다.

3. **오엽서실五葉瑞實**　잣으로 봉래해송蓬萊海松이라고도 하였다. 잣나무는 한국 모든 지역에서 자라고 있어, 외국에서는 잣나무를 영어로 'Korean Pine'이라 부른다. 원산지는 한국·일본·중국·러시아 일부로 알려져 있다. 잣을 한의학에서는 '해송자'라 하는데, 성질은 따뜻하고 맛은 달다. 심장과 간장, 신장 경락에 작용해 진액을 생기게 하고, 풍을 가라앉히며 폐를 튼튼하게 하고 양기를 돋우며 오장을 이롭게 해 준다. 특히 잣나무는 배를 만드는 데 좋은 목재로 쓰여, 단군조선이 해양강국으로 되는 데 큰 역할을 하였다.

4. **칠색보옥七色寶玉**　일곱 색깔 옥돌이다.

5. **불함삼역**  불함不咸은 몽골어 부르한의 한자표기이며, 부르한은 몽골어로 하느님이라는 뜻이다(『부도지』제13장 참조).

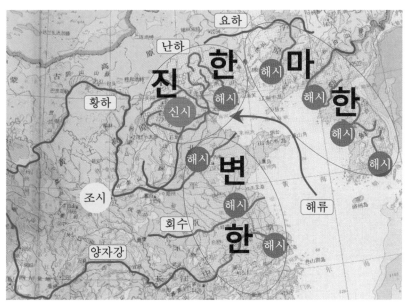

불함삼역(진한, 마한, 변한)

불함삼역은 하느님 터전 발해만과 황해 유역을 세 구역으로 나누어 다스린 것이다. 진조선·마조선·변조선의 삼조선 또는 진한·마한·변한의 삼한으로 나누어 다스렸다. 진한 또는 진조선은 부도 지역과 발해북부로 현 중국 하북성과 산서성 일대이다. 마한 또는 마조선은 만주 및 한반도 일대이며, 변한 또는 변조선은 중국 동해안 지역으로 산동성, 강소성, 절강성 일대이다.

# 제17장. 도요陶堯의 반란

이때에 도요陶堯[1]가 천산 남쪽에서 일어나니
일차로 마고성을 나간 족속의 후예였다.
일찍이 제시祭市[2] 모임에 왕래하였으며
서보西堡 우두머리[3]에게서 도를 들었다.

그러나 본바탕이 수數에 부지런하지 못하니
스스로 9수5중九數五中 이치를 잘못 알았다.
5를 가운데로 하고 여덟 수를 바깥으로 삼는 것을 하나로서
여덟을, 안으로서 밖을 제어하는 이치로 오해하였다.

스스로 오행五行[4] 법을 만들고 제왕의 도道[5]를 주창하므로
소부와 허유[6] 등이 심히 꾸짖으며 절교하였다.

---

是時 陶堯起於天山之南 一次出城族之裔也 曾來往於祭市之會 聞
道於西堡之干 然 素不勤數 自誤九數五中之理 以爲中五外八者 以
一御八 以內制外之理 自作五行之法 主唱帝王之道 巢夫許由等 甚
責以絶之 堯乃出關聚徒 驅逐苗裔 苗裔者 黃穹氏之遺裔

마침내 요가 관문을 나가 무리를 모아 묘예苗裔[7]를 몰아내니
묘예는 황궁씨 후손이며 그 땅은 유인씨 고향이었다.

후대에 임검씨가 여러 사람을 데리고 부도를 나가고 없으므로
요가 그 틈을 타서 기습하니 끝내 묘예는
동, 서, 북 세 방향으로 뿔뿔이 흩어지고 말았다.

마침내 요가 땅을 9주[8]로 나누고 나라를 칭하였다.
스스로 가운데 거하면서 황제라 하고 당도唐都[9]를 세워
부도와 대립하였다. 이때에 거북이 등의 부문負文[10]과 명영蓂英
[11]의 피고 지는 것을 보고 신의 계시라 여겼다.

이로 인하여 새로 역을 만들고 천부 이치[12]와 부도 역을 버리니
이것이 인간세상 두 번째 큰 변고[13]였다.

其地 有因氏之鄕也 後代壬儉氏 率諸人出於符都而不在故 堯乘其
虛而襲之 苗裔 遂散去東西北之三方 堯乃劃地九州而稱國 自居五
中而稱帝 建唐都 對立符都 時見龜背之負文 蓂英之開落 以爲神啓
因之以作曆 廢天符之理 棄符都之曆 此 人世二次之大變

1. **도요陶堯**  중국 신화 속 명군으로 알려진 요임금이다. 중화민족의 실질적 시조로 꼽히는 인물로, 처음 도陶 땅에 봉해졌다가 나중에 나라를 당唐에 세웠기 때문에 도요陶堯, 당요唐堯 또는 도당陶唐씨로 부른다. 순임금과 더불어 평화롭게 임금 자리를 물려주면서 요순시절 태평성대를 이루었다고 전해지고 있다.

그러나 『부도지』는 요가 사해평등과 민족자치의 부도를 배반하고, 천하를 멋대로 나누어 나라를 만들고 패권을 추구하였으며, 잘못된 진리와 역을 만들어 세상을 끊임없는 전쟁 속으로 몰아넣은 천추만대 역적이라고 하였다. 또 요임금과 순임금의 왕위교체도 평화로운 정권교체가 아니라 미인계와 배신 그리고 가족 간 처절한 골육상쟁을 통하여 이루어진 비극적인 것이었다 (『부도지』 제18장, 제19장 참조). 지금까지 우리가 배운 역사는 중화민족의 엄청난 역사왜곡이다.

요堯는 1차로 마고성을 나간 원주민 지도자였다. 단군조선 제시에 참여하고, 서보西堡 우두머리에게 도를 배우는 등 처음에는 단군조선의 홍익인간·이화세계 이상에 동참하였다. 그러나 결국 원주민들을 규합하여 중화제일주의와 제왕지도帝王之道의 패권을 추구함으로써 부도와 대립하고, 민족들이 나라를 칭하며 땅을 나누고 서로 다투는 처절한 전쟁의 씨앗을 뿌린 인물이다.

2. **제시祭市**  단군임검이 세계 각 족속을 교화하기 위하여 만든 모임으로 신시·조시·해시이다. 신시는 부도에서 10년마다 1번씩 열렸으며, 조시와 해시는 섬서성 장안과 팔택에서 매년 10월에 열렸다.

3. **서보西堡 우두머리**  부도 서쪽 보단堡壇을 다스리는 우두 머리이다. 부도는 마고성을 본떠서 만들었으며, 중앙 천부단을 중심으로 동서남북 사방 천 여리에 동보, 서보, 남보, 북보를 두어 동서남북을 다스렸다.

4. **오행五行**  물질의 근본원소를 물(水), 불(火), 쇠(金), 나 무(木), 흙(土)의 5가지로 보고, 이 다섯 가지 물질이 상생과 상 극을 통하여 만물을 낳는다는 이론이다(『부도지』 제21장 참조).

5. **제왕帝王의 도道**  단군임검의 사해평등과 민족자치 철학에 따라 그 당시 세상은 나라도 국경도 없었으며 신시 · 조시 · 해시 의 모임을 통하여 각 민족이 한 핏줄임을 깨닫고, 말과 글을 통 일하고, 각종 교역제도를 통일하여 모든 민족이 서로 어울려 평 화롭게 살아가고 있었다. 그런데 요가 오행설을 내세우며 멋대로 천하를 9주로 나누었다. 자신이 제왕이 되어 중앙에 거하면서, 주위의 8주에 각각 제후를 세우고 천하를 다스리려 하였다. 이 것이 제왕지도帝王之道이다. 요는 천하를 돌아다니며 권력욕을 가진 사람들을 부추기고, 전쟁을 일으키며 민족 간에 갈등을 부 채질하여 사욕을 채우려고 하였다. 그러다가 끝내는 감옥에 갇혀 죽는 비운을 맞이하게 된다(『부도지』 제19장 참조).

중국 사서삼경 가운데 하나인 『서경』「요전」 1장과 2장에서 요임금이 대동세계大同世界를 구현하였다고 극구 찬양하고 있 다. 하지만 요임금의 정치체제인 오복五服을 보면 역사왜곡임을 알 수 있다. 오복은 왕성을 중심으로 각각 사방 오백 리씩 전 복 · 후복 · 수복 · 요복 · 황복으로 나누었다(「우공」 101~105장). 전복甸服은 제왕의 직할지이며, 후복侯服은 제후의 나라이며,

수복綏服은 문무로써 적절히 다스리고, 왕성에서 사방 천오백 리 이상 떨어진 요복要服부터는 아예 오랑캐 나라로 천시하였다. 요임금의 대동세계란 고작 사방 천오백 리에도 못 미치는 편협한 중화제일주의에 불과하였다. 반면 단군임검은 전 세계 모든 민족을 평등하게 생각하고, 홍익인간·이화세계를 건설하기 위하여 끊임없이 노력하였다(『부도지』 제12~26장 참조).

   6. 소부와 허유 『한서』「포선전」, 『진서晉書』, 『장자』「소요유편」 등에 따르면 소부와 허유는 요임금 당시 중국 하남성 등봉현 동남쪽 기산箕山에 은둔하던 현인들로 전해지고 있다. 요임금이 허유의 명성을 듣고 그에게 천하를 맡기려 하자, 허유는 사양한 뒤 기산으로 피해 버렸다. 요임금이 다시 그를 찾아가 구주九州라도 맡아 달라고 청하지만 허유는 "구질구질한 말을 들어 귀가 더러워졌다."며 기산 곁을 흐르는 영수穎水에 귀를 씻었다. 이때 친구 소부가 소에게 물을 먹이기 위해 왔다가 그 말을 듣고는 "더러운 말을 듣고 귀를 씻었으니, 이 물 또한 더럽혀졌을 것이다. 그런 물을 소에게 먹일 수 없다."고 하면서 소를 몰고 영수 상류로 올라가서 소에게 물을 먹였다고 한다. 굳은 절개를 나타내는 기산지절箕山之節로 유명한 고사이다. 이 고사는 주로 요임금이 자식에게 왕위를 물려주지 않고 두루 현인을 찾아 왕위를 물려주려 한 성군이라는 점과 소부와 허유 등 현인들이 부귀와 명예를 초개와 같이 여겼다는 뜻으로 전해지고 있다.
   그러나 『부도지』 내용을 보면 요가 오행설을 주창하고, 여러 민족 지도자에게 부도를 배반하고 천하를 나누어 다스리자고 부추기며, 소부와 허유에게도 이러한 제안을 하였다가 심한 질

책과 절교를 당한 듯하다. 위 고사를 한 꺼풀만 벗겨 보면 요
의 제안이 얼마나 황당하고 역겨웠으면 귀가 더러워졌다고 귀
를 씻으며, 그 귀를 씻은 물조차 더럽다고 소에게 먹이지 않았
겠는가? 중국측 주장대로 요가 성군이었다면 이해하기 어려운
일이다.

7. **묘예苗裔** 『부도지』는 묘예를 황궁씨 후예라고 하였다. 『
환단고기』에 따르면 치우천황은 배달나라 제14세 자오지 환웅
이라 하며, 묘족 역사에 의하면 묘족 시조가 치우천황이라고 한
다. 『부도지』와 『환단고기』 증언이 일치하며, 묘예는 우리 민족
의 한 갈래였다.

『서경』에 의하면 중국 요임금 · 순임금 · 우임금 시대에 묘족
의 주요 근거지는 청해성 삼위산, 섬서성 장안일대, 양자강 중
류 동정호와 파양호 일대로 나타나고 있으며, 중화족과 묘족은
끊임없이 다투었다(「우공」 78장, 『하서』 제2편 「감서」, 「요전」
12장).

현재 묘족은 귀주성 · 호남성 · 사천성 · 운남성 등 중국 남부
여러 성과 광서장족자치구에 흩어져 살고 있으며, 언어 · 의복 ·
기타 풍습의 차이로 구별되는 70~80개가량의 각기 다른 집단
이 있는 것으로 추정된다. 1970년대 말 중국 정부는 먀오족(묘
족)이 390만 명에 이른다고 추정하였다.

8. **9주** 요임금이 나눈 9주는 기주冀州 · 연주兗州 · 청주靑
州 · 서주徐州 · 형주荊州 · 양주揚州 · 예주豫州 · 양주梁州 · 옹주
雍州이다. 후에 순임금이 기주와 청주가 너무 넓다고 쪼개어
유주幽州 · 병주幷州 · 영주營州의 3주를 신설하여 12주를 두었

다가 우임금 시절에 다시 본래의 9주로 되돌렸다(『우서』제2편 「순전」9장). 다음의 중국고지도 「우공소재수산준천지도」(禹貢所載隨山濬川之圖, 1209년작)에 우임금의 9주가 나오는데 요임금이 나눈 9주와 동일하다. 단군임검 부도는 천하일가였으나 요임금이 부도를 배반하고 천하를 9주로 나눔으로써 나라가 생겨났다.

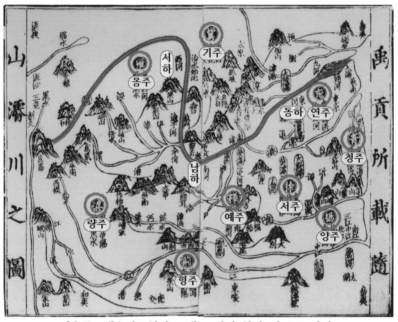

「우공소재수산준천지도」에 표기된 황하 및 9주 위치

9. **당도唐都**  요가 부도에 대항하여 세운 도읍지를 당唐 지방에 세웠으므로 당도라 하였다. 현재 역사가들은 당도 위치를 중국 산서성 임분현 평양으로 보고 있으며, 중국에서는 이곳에 요의 묘당을 크게 만들어 놓았다. 그러나 현재의 당도 위치에 대하여 몇 가지 의구심이 든다.

첫째, 요가 주장한 오행설은 천하를 9주로 나누고 제왕이 중앙에 거하면서 사방 여덟 주를 다스리는 것이다. 「우공소재수산준천지도」에서 중앙은 예주豫州로 황하 이남이다. 산서성 평양은 황하 이북으로 기주冀州에 속한다. 요가 오행설을 주장하며 천하를 9주로 나눈 사실과 부합하려면 당도는 기주가 아니라 중앙인 예주에 있어야 한다.

둘째, 요를 도당陶唐씨로 부르기도 하는데 이는 요가 처음 도陶 땅에 봉해졌다가 나중에 나라를 당唐에 세웠기 때문에 붙여진 이름이다. 「우공구주도」(禹貢九州圖, 다음 블로그 향고도/청국지지/연혁도)를 보면 예주豫州에 도구陶丘와 당唐의 지명이 모두 보인다. 또『제왕세기』등에 따르면 요의 탄생지는 단릉丹陵인데, 단릉은 요의 맏아들 단주丹朱가 제후로 봉해진 땅으로 또한 예주에 있다. 이처럼 요의 탄생지와 맏아들 단주가 봉해진 땅과 요가 제후로 봉해졌던 도구陶丘와 당唐이라는 지명이 모두 9주의 중앙인 예주豫州에 있다. 그러므로 요가 세운 당도는 예주의 당唐 지방이 유력하다.

현재 요의 도읍지로 추정하고 있는 기주의 당唐은 그들이 말하는 중앙도 아니며, 맏아들 봉지와도 너무 멀며, 뒤를 이은 하나라 도읍지와도 너무 멀다. 다만 요가 일시적으로 점령한 적이 있었거나 요임금이 순임금에게 유폐되었다가 옥중에서 죽었다고 하는데(『부도지』제19장 참조) 그곳이 아닐까 추정된다.

10. **부문負文** 신령스러운 거북이가 등에 지고 나왔다는 글로 낙서洛書를 가리킨다. 지금까지 하도河圖는 하늘 이치를 나타내고, 낙서는 땅의 이치를 나타낸다고 알려져 왔다. 그리하여 하도와 낙서는 동양 모든 철학사상의 근원이 되어 왔다. 하지만

『부도지』는 전혀 새로운 사실을 전하고 있다. 부도 진리는 하도이며, 낙서는 요가 사사로운 욕심으로 제왕이 되기 위하여 오행설을 만들고, 그것을 합리화하기 위하여 신의 계시를 빙자한 거짓이라고 하였다(『부도지』 제22장 참조).

엄청난 증언이다. 중화족의 모든 철학 사상을 뿌리째 흔들어버리는 증언이며, 인간이 인간을 지배하려는 온갖 논리를 단칼에 날려 버리는 충격적인 증언이다. 대륙의 상고사를 주름잡던 핵심세력이 아니면 감히 상상조차 하기 힘든 증언이다.

하도의 가장 큰 특징은 음양(흰 원은 陽, 검은 원은 陰)의 조화에 있다.

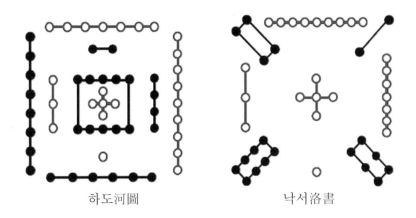

하도河圖                낙서洛書

그림에서 보듯이 동서남북과 중앙이 모두 음양으로 고루 배합되어 있다. 그러나 낙서는 중앙 10수가 사라지고 5만 남아있으며, 동서남북에도 양수가 정방향에 위치하고 음수는 각 모서리에 위치하여 양이 음을 통제하는 모습을 하고 있다. 그리고 하도는 중앙 10수가 5를 강력히 통제하고 있다. 10수는 동서남북 (10=1+2+3+4)을 모두 포용하는 것을 의미한다. 그러나 낙서는 중앙 5가 아무런 통제도 받지 않고 사방팔방을 다스리는 형상이다.

하도는 음양이 평등하고 남녀가 평등하고 만인이 평등하고 만물이 평등함을 나타내고 있다. 또한 중앙 10수가 의미하듯이 동서남북 모든 민족의 합의를 바탕으로 모든 일을 처리하는 원리를 나타내고 있다. 그러한 사상의 구현이 부도의 신시와 조시와 해시이며 이러한 활발한 소통을 통하여 세계일가를 이루게 되는 것이다. 이는 우리 민족이 대대로 이어온 화백제도와 홍익인간의 인내천과 민족자치·지방자치로 나타났다.

반면 낙서는 양이 강력히 음을 통제함으로써 남자가 여자를 다스리고, 강자가 약자를 다스리는 약육강식 세상을 나타내고 있다. 또한 중앙 10수가 사라짐으로써 중앙 5가 사방팔방을 통제하므로 오직 중앙의 중화민족이 제일이며 나머지 동서남북은 모두 오랑캐로 동이東夷·서융西戎·남만南蠻·북적北狄이라 칭하였다. 낙서는 필연적으로 강력한 중앙집권제도를 상징하며, 천리에 어긋나게 사람이 사람을 지배하기 위해서는 끊임없이 거짓 논리를 만들어 내야 했다. 그러기 위해서는 필연적으로 여론을 통제하고 소통을 차단해야 하므로 나라를 만들고 자유로운 왕래를 막았다.

이와 같이 하도는 하늘 이치를 나타낸 것이며 낙서는 인간 탐욕이 만들어 낸 거짓 이치이다. 전혀 별개로 대립되던 하도와 낙서가 BC 2세기 무렵부터 하도는 하늘 이치를 나타내고, 낙서는 땅의 이치를 나타낸다고 그릇 전해지고 있다. 『다음 백과사전』에는 하도와 낙서를 다음과 같이 기술하고 있다.

"하도는 복희씨 때 황하에서 나온 용마의 등에 그려져 있었다는 그림이고, 낙서는 우 임금이 홍수를 다스릴 때 낙수에서 나온 신구神龜의 등에 씌어져 있었다는 글이다. 복희는 하도에 의해 팔괘를 그렸고, 우는 낙서에 의해 홍범구주를 지었다고 전해진다. 각각 별개로 취급되던 하도와 낙서가 병기된 것은 『사기』「공자세가」와 『회남자』「숙진훈」이며, 거기에는 하도·낙서가 태평치세에 나타나는 상서祥瑞로 설명된다. 그 후 송대에 이르러 소옹은 그의 상수학에 의해 하도와 낙서의 도형화를 시도했다. 그에 의하면 하도는 기수奇數를 양점陽點으로, 우수偶數를 음점陰點으로 해서 1~10의 모두 55점을 사방과 중앙에 배치한 도상이다. 즉 북방에는 1점과 6점, 남방에는 2점과 7점, 동방에는 3점과 8점, 서방에는 4점과 9점, 그리고 중앙에 5점과 10점을 이중으로 배치했다. 이 가운데 1~5를 생수生數라고 했으며, 6~10을 성수成數라고 했다. 낙서는 기수인 1점을 남방에, 3점을 동방에, 5점을 중앙에, 7점을 서방에, 9점을 북방에 배치하고, 우수인 2점은 서북방에, 4점은 동북방에, 6점은 서남방에, 8점은 동남방에 배치했다. 조선 초기의 성리학자인 권근은 그가 지은『입학도설入學圖說』의 하도오행상생지도와 낙서오행상극지도에서 소옹이 그린 하도와 낙서는 각각 오행의 상생과 오행의 상극을 도상화한 것이라고 설명했다."

**11. 명영蓂英** 명협蓂莢으로 중국 요임금 때 났었다는 전설상의 상서로운 풀이다. 초하루부터 보름까지 하루에 한 잎씩 났다가, 열엿새부터 그믐까지 하루에 한 잎씩 떨어지고, 작은달에는 마지막 한 잎이 시들기만 하고 떨어지지 않았다 하여, 달력 풀 또는 책력 풀이라고도 하였다.

**12. 천부의 이치** 천부지리天符之理는 천부 이치, 즉 하늘 뜻

에 부합하는 진리이다(『부도지』 제25장 참조).

**13. 인간세상의 두 번째 큰 변고**  요가 땅을 나누어 나라를 만들고, 낙서와 명영으로 거짓된 역을 만든 것이 인간세상의 두 번째 큰 변고였다.

인간세상의 첫 번째 큰 변고는 『부도지』 제5~8장에 나오는 '오미의 화'이다. '오미의 화'는 인간이 다른 생명을 강제로 먹은 것으로 비롯되었다. 이로 인하여 사람이 하늘 성품을 잃어버리고 타락하게 되었다. '오미의 화'가 사람이 만물을 지배하려는 욕망에서 비롯되었다면, 인간세상의 두 번째 큰 변고는 사람이 사람을 지배하려는 욕망에서 비롯되었다. 하늘 이치는 만인이 평등한데 사람이 사람을 지배하기 위해서는 끊임없이 거짓 논리를 개발해야 한다. 그러한 거짓 논리가 오행설이며, 낙서이며, 나라를 나누어 소통을 통제하는 것이다. 사람은 본래 불평등하며 지배자와 피지배자가 있는 것이 당연하다는 논리다. 각 나라 노예제도나 조선시대 양반과 상놈제도처럼 지나고 보면 참으로 어처구니없는 논리가 정당화되는 것이다.

현재도 마찬가지다. 자본주의라는 참으로 이상한 논리다. 자본주의는 돈이 주인이다. 돈이 주인이므로 돈을 가진 사람이 주인이 되고 돈이 없는 사람은 노예가 되고 만다. 사람의 필요에 의해서 만들어진 돈이 어찌 사람의 주인이 될 수 있으랴! 자본주의 또한 현대판 노예제도와 다름없는 인류가 극복해야 할 허황된 제도에 불과하다. 당요가 만든 거짓 논리 오행설과 낙서가 시대를 따라 그 모습을 달리하면서 수천 년이 지난 오늘까지도 세상을 고통에 빠뜨리고 있으니, 인간세상의 크나큰 변고가 아닐 수 없다.

# 제18장. 유순有舜의 배반

이때에 임검씨가 크게 근심하여
유인씨 후손인 유호씨有戶氏[1] 부자에게 환부鰥夫와 권사權士[2] 등
100여 명을 거느리고 요에게 가도록 하였다.
요가 환영하며 공손하게 명을 받들고[3]
하빈河濱[4]에 머무르게 하였다.

유호씨는 묵묵히 상황을 지켜보면서
사람들을 가르치기 위해 스스로 거처를 여러 번 옮겼다.
예전에 유호씨가 부도에 있을 때
오미를 먹지 않고 칡만 먹었으며 키가 열자나 되고
눈에는 광채가 번쩍였다.

於時 壬儉氏 甚憂之 使有因氏之孫 有戶氏父子 率鰥夫權士等百餘
人 往而堯之 堯迎之而服命恭順 使居於河濱 有戶氏 黙觀其狀 自
爲敎人 數移其居 先時有戶氏在於符都 採葛而不食五味 身長十尺
眼生火光 年長於壬儉氏 百餘歲 承父祖之業

임검씨보다 백여 세가 많았으며 조상의 일을 이어받아
임검씨를 도와서 도를 행하며 사람들을 가르쳤다.
이에 이르러 사신使臣으로서 욕심에 빠진 세상을 제도하는 데
어려움이 많았다.

이때에 요가 유호씨 아들 유순有舜[5]의 사람됨을 보고
다른 뜻을 품었다. 일을 맡기고 협력하는 척하면서
두 딸로 유혹하니 순이 마침내 홀리고 말았다.

유순은 부도에 있을 때 환부로서 법을 집행하면서
넘치거나 모자라서 절도가 없었다.
이때에 이르러 요의 꾐에 빠져 그의 두 딸과 몰래 결혼하고[6]
은밀히 협조하게 되었다.

---

助壬儉氏而行道敎人 至是爲使 濟度頑迷之世 其行艱難 時 堯見有
戶氏之子 有舜之爲人 心中異圖 任事以示協 以其二女 誘之 舜乃
迷惑 有舜 曾爲符都執法之鰥夫 過不及而無節 至時 爲堯之所迷
密娶其二女 暗附協助

1. **유호씨有戶氏**  요임금 잘못을 바로잡으러 간 단군임검 특사이다. 유인씨 후손이며 중국 전설상 성군으로 알려진 순임금 아버지이다. 유호씨는 부도에서 도를 행하고 사람을 가르치는 일을 맡았는데, 다른 음식은 먹지 않고 흙만 먹었으며 키가 열 자나 되고 눈에 광채가 번쩍일 정도로 수행이 높은 도인이었다. 단군임검 특사로서 하족夏族의 잘못을 바로잡기 위해 눈부신 활약을 하였으며, 후일 인도와 유럽 등지로 부도 진리를 전파한 뛰어난 인물이었다.

그러나 중국 『사기』「오제본기」에 따르면 순임금 아버지는 이름이 고수瞽叟로 맹인이었다. 순의 어머니가 죽은 후 고수는 후처를 얻어 아들 상象을 낳았는데, 고수는 완고하고 새어머니는 모질었으며 아우 상은 거만하여 모두 순을 죽이려 하였다. 심지어는 창고를 수리하도록 지붕 위로 올려놓고는 사다리를 치우고 불을 질러 불태워 죽이려 하였으며, 우물을 파게 하고는 위에서 흙을 쏟아 부어 매장하여 죽이려 하는 등 아주 완고하고 극악무도한 인물로 나온다. 한 인물에 대하여 너무나 판이한 평가이다.

2. **환부鰥夫와 권사權士**  부도의 벼슬 이름이다. 환부는 법을 집행하는 직책이며(『부도지』 11장, 18장 참조), 권사는 국방과 외교를 담당하는 직책(『부도지』 18장, 19장, 20장 참조)이다.

3. **공손하게 명을 받들고**  단군임검이 사해를 순방하느라 부도를 비운 사이 당요가 반란을 일으켜 나라를 만들고 전쟁을 일삼자, 단군임검이 크게 근심하여 유호씨를 특사로 파견하여 요의 잘못을 추궁하였다. 상황이 불리함을 느낀 요는 단군임검의 명을 공손하게 받들어, 유호씨 등을 하빈河濱에 머무르게 하고

감독을 받았다.

**4. 하빈河濱** 황하 물가이다. 요가 천하를 9주로 나누고 그 자신은 중심에 머물러 황제라 칭하였으므로 당요의 중심지는 9주 중심에 해당하는 예주豫州로 현 호북성 당하唐河 유역이다(중국 고지도는 대부분 이곳이 唐으로 표시되어 있다. 현재 중국은 당요의 중심지를 산서성 임분으로 말하고 있으나 명확한 근거가 없다).

요임금 정치체계인 요제오복도를 보면 왕성을 중심으로 사방 오백 리는 전복甸服으로 요임금이 직접 관할하는 지역이다. 사방 천 리까지는 후복侯服으로 제후들 나라이며, 요임금 영향력이 미치는 지역이다. 사방 천오백 리는 수복綏服으로 외교력과 무력을 적절히 사용하여 평화를 유지하는 완충지대였다(『부도지』제17장 참조).

요임금이 유호씨를 머무르게 한 하빈河濱은 황하 물가로 완충지대에 해당한다. 이와 관련하여 중국측 기록을 살펴보자. 중국 산서성 운성시 서장하촌에 순제릉舜帝陵이 조성되어 있는데 순제릉 묘비에 『맹자』「이루장구離婁章句」하편 기록이 적혀 있다.

孟子曰 舜生於諸馮 遷於負夏 卒於鳴條 東夷之人也
맹자왈 순생어제풍 천어부하 졸어명조 동이지인야

"맹자가 말하기를 순임금은 제풍에서 태어나시고, 부하로 이사하시며, 명조에서 돌아가셨으니 동이 사람이다."

위 구절과 관련하여 주자가 주석하기를 "제풍과 부하와 명조는 모두 지명으로, 오랑캐 땅의 지역에 있다."고 하였다. 제풍과 부하는 산동성 고부 근처이며, 명조는『중국지명대사전』에 찾아 보면 몇 가지 설이 있는데 산서성 운성시, 하남성 낙양 부근, 하남성 신향시 등으로 모두 황하 물가에 위치한다. 단군임검 부도符都와 요임금 당도唐都가 황하를 경계선으로 하여 남북으로 대치하였다.

**5. 유순有舜** 중국 신화 속 명군으로 알려진 순임금이다. 요임금으로부터 평화롭게 임금 자리를 물려받으면서 요순시절 태평성대를 이루었다고 전해지고 있으며, 특히 천하의 큰 효자로서 전해지고 있다.

하지만『부도지』가 전하는 내용은 전혀 다르다. 순은 단군임검이 요의 반란을 바로잡기 위하여 특사로 파견한 유호씨 아들이었다. 유순은 부도에 있을 때 법을 집행하는 환부 직책을 가지고 있었으나, 법을 집행하면서 넘치거나 모자라서 절도가 없었다. 아버지 유호씨와 더불어 요의 반란을 바로잡기 위하여 특사의 일원으로 갔으나, 요임금의 미인계에 빠져 그의 두 딸 아황과 여영을 아버지 몰래 아내로 맞아들였다. 그리하여 요임금과 협조하면서 어진 이들을 찾아 죽이고 계속 묘족을 정벌하는 등 단군조선의 홍익인간·세계일가 이념과 대립하였다.
결국 요임금 뒤를 이어 임금 자리에 올랐으나 아버지 유호씨의 노여움을 사서 수년간 피비린내 나는 부자지간 전쟁을 벌였다. 그 전쟁에 패하여 멀리 창오의 들로 달아나다가 우禹에게 살해되었고, 그의 두 아내도 강물에 몸을 던져 자살하는 참혹한 결과를 낳고 만다(『부도지』제19장). 아버지 유호씨를 배반하고 수년 동안 부자지간 참혹한 전쟁을 벌인 불효자 중의 불효자를 중국에서는 천하의 큰 효자로 그릇 전하고 있다.

**6. 두 딸과 몰래 결혼하고**  요임금이 유순을 자기편으로 만들기 위해 두 딸로 유혹하니, 순이 홀려서 아버지 몰래 요임금의 두 딸 아황과 여영을 아내로 맞이하였다. 『맹자』「만장장구상」 제2장은 다음과 같이 적고 있다.

"만장이 물었다. 시경에 '아내를 맞이하려면 어떻게 해야 하는가? 반드시 부모에게 고해야 한다'고 합니다. 진실로 이 말대로라면 순임금같이 해서는 안 됩니다. 순임금이 부모에게 고하지 않고 장가를 든 것은 어떤 까닭입니까? 맹자가 말하였다. 고하면 장가를 들 수 없으셨다. 남녀가 한 방에 거처하는 것은 사람의 큰 윤리이니 만일 고하였다면 사람의 큰 윤리를 폐하여 부모를 원망하였을 것이다. 이런 이유에서 고하지 않으신 것이다."

"만장이 또 물었다. 순임금이 부모에게 고하지 않고 장가 든 것은 제가 가르침을 받았습니다. 요임금이 순임금에게 딸을 시집보내면서 그 부모에게 말하지 않은 것은 무슨 까닭입니까? 맹자가 말하였다. 요임금도 말하면 딸을 시집보낼 수 없다는 것을 알았기 때문이다."

위에서 보듯이 순이 부모에게 알리지도 않고 장가를 간 것은 분명하다. 그런데 그 이유가 부모에게 알리면 결혼을 할 수 없기 때문이라 했다. 부모에게 알리면 왜 결혼을 할 수 없었는지 그 이유를 알 수 없다. 무언가를 숨기고 있다. 그러나 『부도지』를 보면 명쾌하게 의문이 풀린다. 유호씨가 단군임검과 자신을 이간질하려는 요임금의 정략결혼을 허락할리 없었기 때문이다.

## 제19장. 요순堯舜의 멸망

이때에 유호씨가 수시로 타일렀으나 순은 '예! 예!' 대답하면서
고치지 않았다. 마침내 요의 신하가 되어 어진 이들을 쫓아 죽
이고 계속 묘예苗裔를 정벌[1]하였다.

유호씨가 더 이상 참을 수 없어 책임을 묻고 토벌하니
순은 하늘을 향해 울부짖고, 요는 몸 둘 땅이 없으므로
마침내 순에게 자리를 넘기고[2] 스스로 갇히는 몸이 되었다.

유호씨가 말하였다.

"오미의 화가 아직 그치지 않았는데 또 오행의 화[3]를 지으니
죄가 땅에 가득하고 북두성이 하늘을 가려 수사數事가 많이
어그러졌다. 인간세상이 곤란과 고통에 처하니 어찌 바로잡지
않을 수 있겠는가?

___

是時 有戶氏 隨警隨戒 舜唯唯而不改 終受堯屬 追戮賢者 仍又伐
苗 有戶氏 遂不能忍耐 論責討之 舜呼天哭泣 堯置身無地 遂讓位
於舜而自閉 有戶氏曰 五味之災未濟 又作五行之禍 罪滿於地 罡
蔽於天 數事多乖 人世困苦 此不可不正之 且不知而犯者 容或誨
之 知而犯者

또 모르고 죄를 짓는 사람은 혹 용서하고 가르칠 수 있으나
알고도 죄를 짓는 사람은 비록 지친親이라도 용서할 수 없다."

마침내 둘째 아들 유상有象에게 명하여 권사權士들을 거느리고
무리를 모아 죄를 묻고 공격토록 하였다. 수년간 전쟁 끝에 마침
내 그 도읍을 혁파하였다. 요는 옥에 갇힌 채로 죽고, 순은 창오
蒼梧[4]의 들로 달아나니 따르는 무리들이 사방으로 흩어져 버렸다.

요의 무리인 우禹가 순에게 아버지가 죽은 원한[5]이 있었으므로
쫓아가서 죽이니, 순의 두 아내[6]가 또한 강물에 몸을 던져 죽었
다. 마침내 우가 "명命을 바로잡아 공을 세웠다."고 말하고
무리와 군사軍師들을 안심시키고 돌아갔다.

유호씨는 물러나서 우의 행동을 조용히 지켜보았다.
이때에 우가 도읍을 옮겨서 무리를 모으고 창과 방패를 고치고
늘리면서 유호씨를 거역하고 스스로 하왕夏王이라 칭하였다.

---

雖至親 不可得恕 乃命次子有象 率權士聚衆 鳴罪而攻之 戰及數年
逐革其都 堯死於幽閉之中 舜逃於蒼梧之野 徒黨四散 堯之徒禹 與
舜有殺父之怨 至時 追擊殺之 舜之二妻 亦投江自決 禹乃言正命立
功 慰衆師而歸之 有戶氏 退而黙觀禹之所行 於時 禹移都聚群 增
修干戈而 拒有戶氏 自稱夏王

1. **묘예苗裔를 정벌**  순이 요임금 중신이었던 공공, 환두, 곤을 귀양 보내거나 죽이고, 양자강 유역의 동정호와 파양호 사이에 살고 있던 삼묘三苗를 정벌하여 청해성 삼위 부근으로 귀양보낸 일이 있다. 또 『서경』 「순전」 제27장과 「대우모」 제20, 21장에도 순이 묘예를 정벌한 기록이 있다. 『서경』 「순전」 제12장은 다음과 같이 기록하고 있다.

"공공을 유주로 유배 보내시고, 환두를 숭산에 유치하셨으며, 삼묘를 삼위로 추방하셨으며, 곤을 우산에 귀양 보내어 죽을 때까지 있게 하시어 네 사람을 벌하시니 천하가 다 복종하였느니라."

공공은 요임금 후계자로 거론된 인물이며, 환두는 공공을 요임금 후계자로 천거한 인물이다(『서경』 「요전」 제10장). 또 곤은 우임금 아버지로 9년 동안 홍수를 다스리는 직책을 맡았으며 모두 요임금의 쟁쟁한 중신들이었다(『서경』 「요전」 제11장). 이들이 순임금에게 화를 당한 이유가 무엇일까?

『맹자』 「만장장구상」 제3장 주석을 보면 공공과 환두는 두 사람이 서로 사귀어 당을 만들었기 때문이라고 하며, 삼묘는 지세의 험준함을 믿고 복종하지 않았기 때문이며, 곤은 명을 거역하고 종족을 해치고 물을 다스림에 공이 없었기 때문이라고 하였다. 또 『서경』 「감서」 제3장 주석을 보면 "곤이 오행을 어지럽혀 귀양 가서 죽었다."고 하였다. 이러한 기록을 종합해 보면 공공, 환두, 삼묘, 곤은 요임금 오행설에 비판적이었거나 순과 임금 자리를 놓고 다투다가 화를 당하였다.

순임금은 단군조선에 호의적이었던 요임금 중신들을 죽이고,

황궁씨 후예인 묘예를 정벌하는 등 요임금 통치철학인 제왕지도의 패권주의를 추구하고 단군조선과 대립함으로써 결국 아버지 유호씨 및 아우 유상과 골육상쟁을 벌이다가 죽었다.

**2. 순에게 자리를 넘기고** 요임금은 순에게 제왕 자리를 넘겼는데, 중국역사는 이를 선양禪讓이라 하였다. 선양은 군주가 혈연관계가 없는 후계자에게 왕위를 물려주는 것이다. 중국 신화시대 성천자로 일컬어지는 요와 순이 아들이 아닌 능력 있는 인재를 찾아서 왕위를 물려주었다는 것이 선양 전설 요체이다. 이러한 선양은 신화 속 태평성대 군주들에 의해 이루어진 것으로 칭송되었으며, 이상적인 군주 교체 방법으로 여겨졌다. 하지만 평화적으로 왕위를 물려주었다는 선양은 허구에 지나지 않는다. 선양과정을 통하여 요임금과 아들 단주丹朱가 대립하고, 요임금 중신들과 순임금이 권력투쟁을 벌였으며, 또 순임금이 아버지 유호씨 및 동생 유상과 골육상쟁을 벌였음을 『부도지』는 전하고 있다. 요임금이 아들 단주에게 제왕 자리를 전하지 않은 이유가 무엇일까? 『서경』「요전」 제9장은 다음과 같이 기록하고 있다.

"요임금이 말하기를 누가 때를 따라 등용할 사람을 물을꼬? 방제가 말하기를 맏아들 주가 계명하나이다. 요임금이 말하기를 아, 어리석게 말다툼만 하니 옳을까?"

요임금이 신하들에게 후계자를 천거하라고 하자, 방제라는 신하가 요임금 맏아들 단주가 성품이 밝게 열려 등용할 만하다고 천거하였다. 그러나 요임금은 단주가 어리석게 말다툼만 한다고 등용하지 않았다. 또 『서경』「익직」 제8장은 다음과 같이 기록하고 있다.

"단주처럼 오만하지 마소서. 게으르고 놀기를 좋아하며, 오만하고 탐학함을 지으며, 낮과 밤이 없이 쉬지 않으며, 물이 없는데도 배를 끌고 다니며, 집안에서 무리들과 음란하여 그 세대를 끊어지게 하였나이다."

위 말은 우가 순임금에게 단주의 잘못을 지적하면서 경계한 것이다. 윗글에 대하여 『서경』을 엮은 채침은 다음과 같이 주를 달았다.

"『한지漢志』에 요가 아들 주를 단연에 거처하게 하여 제후를 삼았다 하니, 단은 주朱의 나라 이름이다. 액액頟頟은 쉬지 않는 모양이다. 물이 없는데 배를 끌고 다닌다는 것은 오奡가 배를 끄는 것(오는 육지에서 배를 밀고 다닐 정도로 힘이 장사였으나 하후인 소강에게 죽임을 당함)과 같은 종류이다. 붕음朋淫은 무리들이 소인들과 가깝게 하면서 집에서 음란함이다. 진殄은 끊어짐이고, 세世는 요임금 천하를 세대로 이음이니, 단주가 어질지 못하여 요가 천하를 순에게 주고 주朱에게 주지 않았으므로 대가 끊어졌다고 말하는 것이다."

그러나 윗글 『서경』「익직」 제8장과 관련하여 우리나라 선현들은 중화족과 전혀 다른 해석을 내리고 있는데, 구한말 대사상가 강증산 일대기를 담은 이중성의 『천지개벽경天地開闢經』은 다음과 같이 적고 있다.

"대선생(강증산)께서 이르시기를 만고의 원한 중에서 단주의 한이 가장 크니, 요임금의 아들 단주가 불초하다는 말이 반만 년에 걸쳐 전해 내려오지 않더냐. 단주가 불초하였다면 조정의 신하가 일러 '단주가 깨침이 많고 천성이 밝다'고 천거했겠느냐. 야만과 오랑캐를 없애겠다는 것이 남과 더불어 다투고 시비걸기를 좋아하는 것이라더냐. 이는 대동세계를 만들고자 한 것을 두고, 다투고 시비하는 것이라 욕하였느니라."

"제자가 여쭙기를 우가 요임금의 맏아들이 불초하다고 비판하였나니, 그 이유로써 '밤낮을 가리지 않고 여기저기 돌아다니고, 물과 뭍을 막론하고 배를 몰고 다니고, 집집마다 들어가 술 마시기를 좋아하고, 요임금이 만들어 놓은 세상을 멸망시킬 것이라' 하였나이다."

"대선생께서 말씀하시기를 '밤낮을 가리지 않고 여기저기 돌아다녔다는 것'은 부지런하게 돌아다니며 백성의 고통을 살폈다는 것이오, '물과 뭍을 가리지 않고 배를 몰고 다녔다는 것'은 대동세계를 이루고자 분주하였다는 말이오, '집집마다 들어가 술을 마셨다는 것'은 가가호호 백성과 더불어 즐거움을 함께하였다는 것이오, '요임금의 세상을 멸망시킬 것'이라 하는 것은, 다스리는 도가 요임금과 다름을 이름이니라. 당요의 세상에 단주가 천하를 맡았다면 요복과 황복이라는 지역 차별이 없었을 것이고, 야만과 오랑캐라는 이름도 없었을 것이고, 만 리가 지척과 같이 가까워졌을 것이며, 천하가 한 가족이 되었으리니, 요임금과 순임금의 도는 좁고 막힌 것이었느니라. 단주의 원한이 너무 커서 순임금이 창오의 들판에서 갑자기 죽고, 두 왕비가 상강의 물에 빠져 죽었느니라."

요임금이 맏아들 단주에게 제왕 자리를 물려주지 않은 이유에 대하여 중국 측 기록들은 어색하다. 신하들이 단주가 '깨침이 많고 천성이 밝다'고 천거하는데도 요임금은 '어리석게 말다툼만 한다'고 등용하지 않았다. 그러나 『부도지』나 『천지개벽경』을 보면 의문이 풀린다. 단주가 요임금이 추구하는 제왕지도의 패권주의를 따르지 않고 단군임검이 추구하는 세계일가의 대동세계에 동조하였기 때문에 요임금은 단주에게 임금 자리를 물려주지 않았다.

3. **오행의 화** 당요가 스스로 제왕 자리에 오르기 위하여, 하늘 이치를 어기고 거짓으로 오행설을 만들어 세상을 전쟁의 소용돌이로 몰아넣은 재앙이다. 이는 인간이 인간을 지배하려는 욕망으로부터 시작되었다. 제17장에서는 '오행의 화'를 인간세상의 두 번째 큰 변고라 하였다.

4. **창오蒼梧** 창오는 현 중국 호남성 영원현寧遠縣 동남쪽에 위치하였다. 순임금 죽음과 관련하여 『사기』「오제본기」는 다음과 같이 적고 있다.

"순은 20세에 효자로 소문이 나고, 30세에 요가 등용하였으며, 50세에 천자의 일을 대신하였으며, 58세에 요가 붕어하여 61세에 요를 이어 천자의 자리에 올랐다. 제위에 오른 지 39년에 남쪽으로 순수하다가 창오의 들에서 붕어하였다. 강남의 구의에 장사지냈다. 이를 영릉이라 한다."

『사기』「오제본기』는 순임금이 순행하면서 사냥을 하다가 평화롭게 죽은 것처럼 쓰고 있다. 그러나 『부도지』는 순임금이 단군임검의 명을 받은 유호씨와 전쟁에서 패하여 창오의 들로 달아나다가 우에게 죽음을 당했다고 하였다.

5. **아버지가 죽은 원한**  순임금이 우의 아버지 곤을 우산羽山으로 귀양 보내어 죽인 일을 가리킨다.

6. **순의 두 아내**  순임금의 두 아내는 아황과 여영이다. 순임금이 죽었다는 비보를 접하고, 두 왕비는 3일 동안 남쪽을 바라보며 통곡의 피눈물을 흘리다가 끝내 슬픔을 이기지 못하고 상강湘江에 몸을 던져 죽었다. 상강 주변에는 상비죽이라는 유명한 대나무가 자라고 있다. 얼룩반점이 있으며, 껍질을 벗기면 핏빛의 속살을 드러내는 대나무다. 두 왕비가 흘린 통곡의 피눈물이 주변 대나무에 뿌려져서 상비죽이 되었다는 슬픈 전설이 전해 온다. 상강의 물이 흘러드는 동정호에 군산이라는 섬이 있는데, 그곳에 두 왕비를 기리는 사당 상비사와 무덤 이비묘가 있다. 공원 정자에 새겨진 글귀가 찾는 이의 심금을 울린다.

萬古湘妃竹 無窮奈怨何 年年長春 只是淚痕多
만고상비죽 무궁내원하 년년장춘 지시루흔다

"만고의 상비죽은 어찌 이리도 무궁토록 슬퍼할까?
해마다 봄이면 자라서 오직 눈물자국만 많아지누나!"

# 제20장. 우禹의 반란

우禹[1]가 끝내 부도를 배반하고 도산塗山[2]에 단을 쌓으며
서와 남의 여러 족속을 정벌하여 제후라 이르고
도산으로 몰아놓고 조공을 받았다. 이는 부도의 제시祭市를
본 뜬 것이었으나 갑작스럽고도 난폭한 것이었다.

이때에 천하가 시끄럽고 어수선하므로 부도로 도망하여
오는 자가 많았다. 우가 마침내 물과 육지의 모든 길을 끊어
부도와 고립시키므로 왕래할 수 없었다. 그러나 감히 부도를
공격하지는 못하였다.

이때에 유호씨는 서방에 있으면서[3] 묘예를 수습하고
소부, 허유 고향과 통하며 서남의 여러 족속과 연결하니
그 세력이 자못 왕성하여 스스로 하나의 읍을 이루었다.
유호씨가 마침내 권사權士를 우에게 보내어 설득하였다.

---

禹遂背反符都 設壇於塗山 伐西南諸族而謂之諸侯 驅聚於塗山而受
朝貢 此效符都祭市之制而暴突者也 於時 天下騷然 走符都者多 禹
乃遮斷水陸之路 孤隔符都而使不得來往 然 不敢攻符都 是時 有戶
氏 居於西方而收拾苗裔 通於巢許之鄉 連結西南諸族 其勢甚盛 自
成一邑 有戶氏乃送權士論禹曰

"요는 천수天數를 잘못 알았다. 천지를 제멋대로 하기 위하여 땅을 나누고, 독단獨壇의 이익만을 위하여 때를 정하고 사사로이 개와 양을 기르기 위해 사람들을 몰아내었다.

스스로 제왕이라 칭하고 멋대로 하니 세상 사람들은 흙이나 돌과 초목처럼 말이 없으며, 하늘 이치는 도리어 허망함에 빠져버렸다. 이는 거짓으로 하늘의 권위를 훔쳐 사사로운 욕심을 난폭하게 자행하는 것이다."

"제왕이 만약 하늘 권능을 대행한다면 또한 능히 해와 달을 운행하고 만물을 만들 수 있을 것이 아닌가? 제왕이란 수의 요체[4]이니 사람이 거짓으로 칭할 바가 아니요 거짓으로 칭하면 모두가 헛된 속임의 추악한 놀음일 뿐이다."

"사람의 일은 이치를 깨닫는 것이요 인간세상의 일은 그 이치를 깨달은 사람의 일을 밝히는 것이다.

---

堯誤天數 割地爲自專天地 制時爲獨壇利機 驅人爲私牧犬羊 自稱
帝王而獨斷 人世黙黙爲土石草木 天理逆沒於虛妄 此 假竊天權 恣
行私慾之暴也 帝王者 若代行天權則 亦能開閉日月 造作萬物乎 帝
王者 數諦 非人之所假以稱之者 假稱則徒爲詐虛之惡戲而已 人之
事 證理也 人世之事 明其證理之人事也

이외에 다시 무엇이 있으리오. 그러므로 부도의 법은 천수天數
이치를 밝게 깨달아 사람으로 하여금 그 본래 임무를 다하여
그 본래의 복을 받도록 하는 것이다."

"그러므로 말하고 듣는 사람이 비록 먼저와 나중은 있으나
높고 낮음이 없으며, 주고받는 사람이 비록 친하고
먼 것은 있으나 끌어들이고 내쫓음은 없는 것이다.
그러므로 사해가 평등하고 모든 족속이 스스로 행하는 것이다."

"다만 오미의 책임을 속죄하는 것과 대성大城의 일을
회복하는 것은 항상 한 사람이 희생적으로 주관하는 것이요.
사람마다 능히 할 수 없으므로 이일은 예로부터 인간세상의 일에
섞이지 아니하였다. 황궁黃穹씨와 유인有因씨의 예가 이것이다."

此外 復有何哉 故 符都之法 明證天數之理 使人遂其本務而 受其
本福而已 故 言者聞者 雖有先後 無有高卑 與者受者 雖有熟疎 無
有牽驅故 四海平等 諸族自行 唯其報贖五味之責 恢復大城之業 常
在於一人犧牲之主管 非人人之所能爲者故 此事 自古不雜於人世之
事 黃穹氏有因氏之例 是也

1. **우禹**  우는 요임금과 순임금 뒤를 이어 중국 최초 세습왕조인 하왕조를 건설하였다. 하나라는 그 존재 자체가 고고학적으로 명확하게 입증되지 못하였으나 문헌 등에서 전하는 바에 따르면 하나라는 우에서 걸까지 17왕 472년 동안(BC 1600년 무렵까지) 존속되었다.

사마천의 『사기』「하본기」에 의하면, 하왕조 시조 우왕은 기원전 2070년 왕조를 개국하여, 황하 홍수를 다스리는 데 헌신적으로 노력하였으며, 그 공을 인정받아 순임금이 죽은 뒤 제후들의 추대를 받아 천자가 되었다. 우는 제위를 민간의 현자에게 넘기려고 하였으나, 제후들이 우의 아들 계啓를 추대하였으므로 이때부터 선양제가 없어지고 상속제에 의한 최초 왕조가 출현하였다.

2. **도산塗山**  현 중국 안휘성 방부시 회원현에 있다. 이곳에 하나라 당시 도산씨국塗山氏國이 있었으며 회이족淮夷族이 거주하였다. 우가 치수를 하면서 남하하다가 지금의 회원현 경계에 있는 도산에서 도산씨녀를 아내로 맞이하였다고 한다. 우임금이 제후들을 소집한 도산회의는 일반적으로 중국 하왕조 건립의 상징적인 사건으로 여겨진다(『위키백과』 도산지회).

우가 도산에 단을 쌓은 일은 독자적으로 하늘에 제사 지내는 제단을 만든 것이므로 부도를 배반한 것이다. 하나라는 하남성과 섬서성 일부에 해당하는 좁은 지역이다. 하나라를 이은 은나라와 주나라도 대체로 이 강역을 크게 벗어나지 못하였다. 그 나머지는 모두 단군임검 부도를 따르는 지역이었다.

3. **유호씨는 서방에 있으면서**  우가 하나라를 세울 당시 단군임검 특사로 파견된 유호씨는 서쪽에 거처하면서 묘예를 수습

하고, 소부와 허유의 고향과 통하며 서남의 여러 족속과 연결하여 큰 세력을 구축하고 있었다. 이때 유호씨가 거처한 곳은 현 중국 섬서성 장안 부근으로 추정되는데, 『서경』에 우임금 아들 계啓가 감甘 땅으로 유호씨를 정벌하러 가는 내용이 있다.

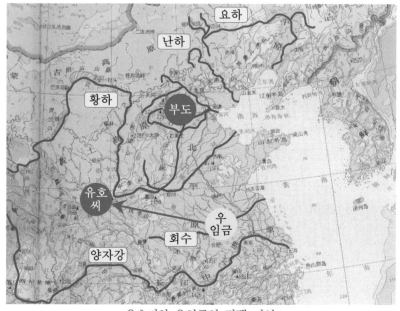

유호씨와 우임금의 전쟁 지역

"감甘은 땅 이름이다. 유호씨 나라 남쪽 교외니 부풍군 호현에 있다."(「하서」 제2편 감서甘誓)

"풍수澧水는 『지리지』에 풍鄷으로 지었으며, 부풍 호현 종남산에서 나온다."(「우공」 제75장)

종남산終南山은 섬서성 장안 남쪽에 있는 산 이름이다. 위의두 구절에 따르면 장안 남쪽 종남산 부근이 부풍군 호현이며,

유호씨 나라 남쪽 교외에 해당하므로 감甘 땅의 유호씨 나라는 섬서성 장안이다. 그러나 현재 감주甘州는 감숙성에 위치하여 지명이 북서쪽으로 수천 리 이동하였다. 중국 중심부 장안에서 단군임검 부도와 하나라 간 벌어졌던 전쟁을 수천 리 외곽에서 일어난 전쟁으로 오해할 수 있는 대목이다.

**4. 제왕이란 수의 요체**  한민족의 삼신오제는『태백일사』「삼신오제본기」에 다음과 같이 기록하고 있다.

"삼신三神이란 천일天一·지일地一·태일太一이다. 천일은 조화를 주관하고, 지일은 교화를 주장하고, 태일은 치화를 주관하는 것이다. 또 오제란 흑제黑帝·적제赤帝·청제靑帝·백제白帝·황제黃帝다. 흑제는 말라죽는 것을 주관하고, 적제는 빛과 열을 주관하고, 청제는 나고 자라는 것을 주관하고, 백제는 열매 맺는 것을 주관하고, 황제는 조화를 이루는 것을 주관한다." (고동영 저『환단고기』115쪽)

한민족의 삼신오제는 사람을 지칭하는 것이 아니라 우주의 근본원리를 나타내고 있다. 반면 중화족은 한민족의 삼신오제 원리를 차용하여 자신들 조상을 삼황오제로 불렀다. 이로 인하여 중화족만이 제일이고 다른 민족은 오랑캐로 취급하는 제왕지도의 패권주의가 생겨나서 세상을 혼란에 빠뜨렸다. 중화족의 삼황오제에는 여러 가지 설이 있는데『제왕세기』,『십팔사략』 등에 의하면 삼황은 복희·신농·황제를 말하며, 오제는 소호·전욱·고신·당요·우순을 가리킨다.

# 제21장. 황당무계한 오행설

"또 소위 오행[1]은 천수天數[2] 이치에 그러한 법은 없다.
방위 5중五中은 교차의 뜻이지 변하여 운행하는 것이 아니다.
변하는 것은 1에서 9까지므로 5가 항상 가운데
있는 것이 아니며 아홉수가 돌면서
율려가 서로 어울린 후 만물이 생겨나는 것이니
이는 기수基數[3]를 가리키는 것이다."

"그 5와 7이 크게 움직여 가면서 고리를 이루는 데 있어서는
그 자리가 5에만 한정되지 않으며 또한 4와 7이 있다.
또 그 순역생멸順逆生滅의 윤멱輪羃[4]은 4이며 5가 아니다.
즉 본래의 아홉수는 변하지 않는 까닭이다.
또한 윤멱이 1번 끝나는 기간은 28의 7이지 5가 아니다."

---

且其所謂五行者 天數之理 未有是法也 方位五中者 交叉之意 非變
行之謂也 變者 自一至九故 五者不得常在於中而九者輪回 律呂相
調然後 萬物生焉 此 基數之謂也 至其五七大衍之環則 其位 不限
於五而亦有四七也 且其順逆生滅之輪羃 四也 非五也 卽原數之九
不變故也 又輪羃一終之間 二八之七也 非五也

"또 그 만물의 짝하는 성질에서 금목수화토 다섯 가지 중
금토金土를 어찌하여 구별하여 세우는가?
그 약간 다름으로 인하여 또한 구별하려 한다면
공기나 바람 풀과 돌 등의 종류는 어찌하여 같이 들지 않는가?"

"그러므로 다 들자면 한이 없고, 엄밀하게 나누면
금목수화 혹은 토목수화의 넷이지 다섯이 아니다.
또 그 물질의 성질을 수의 성질과 짝 지우는 까닭은 무엇인가?
물질의 수성數性은 그 근본이 아홉이지 다섯이 아니다."

"그러므로 오행설은 참으로 황당무계한 말이다.
이런 까닭으로 인간세상 증리證理를 거짓으로 꾸며
속이는 것이니 끝내 하늘의 화를 짓는 것이다.
이 어찌 두렵지 않겠는가?"

---

又其配性之物  金木水火土  五者之中  金土  如何別立乎  以其小異
亦將別之則  氣風草石之類  豈不共擧耶  故  皆擧則無數也  嚴擧則
金木水火或  土木水火之四也  不得爲五也  尤其物性  由何而配於數
性乎  數性之物  其原九也  非五也  故  五行之說  眞是荒唐無稽之言
以此  誣惑證理之人世  乃作天禍  豈不可恐哉

1. **오행**  물질의 근본원소를 물(水), 불(火), 쇠(金), 나무(木), 흙(土)의 다섯 가지로 보고, 이 다섯 가지 물질이 상생과 상극을 통하여 만물을 낳는다는 이론이다. 오행설은 오늘날 동양철학의 핵심을 이루고 있는 이론이다. 그러나 『부도지』는 기화수토氣火水土 네 가지를 물질의 근본요소로 보며 오행설을 강하게 부정하고 있다.

기화수토설과 오행설의 가장 큰 차이는 기화수토설은 기화수토가 평등한 값어치를 가지므로 만물이 평등한 반면, 오행설은 흙(土)이 가운데 있으면서 사방의 물(水), 불(火), 쇠(金), 나무(木)를 통제한다는 것이다. 그러므로 만물이 평등하지 않으며, 지배자와 피지배자가 생겨나게 된다. 이러한 인식 차이는 단군임검이 사해평등과 민족자치를 추구한 반면, 요임금은 중화주의와 제왕지도를 추구하는 배경이 되었다.

2. **천수天數**  『주역』「계사전상」 제9장에 다음과 같은 구절이 있다.

"하늘은 1, 3, 5, 7, 9요. 땅은 2, 4, 6, 8, 10이다. 하늘의 수가 다섯 가지고 땅의 수가 다섯 가지다. 다섯 가지가 서로 짝을 얻어 합한다. 하늘의 수는 25이고 땅의 수는 30이니 무릇 천지의 수는 55이다. 이것이 변화를 이루어 귀신이 운행하는 것이다."

천수는 보통 하늘의 수를 상징하는 것으로 1, 3, 5, 7, 9의 홀수를 말한다. 그러나 『부도지』에서 말하는 천수는 천지지수天

地之數의 줄임말로 1에서 9까지 모든 자연수를 포함한다.

3. **기수基數**  수에는 기수基數와 서수序數가 있다. 기수는 양量을 나타내는 수이기 때문에 헤아리는 수라고도 한다. 즉 수의 크기를 나타낸다. 반면에 서수는 순서를 나타내는 수다.

4. **윤멱輪冪**  멱冪은 같은 수를 여러 번 곱하는 것이다.

## 제22장. 역은 화복의 근본

"또 그 역제曆制는 천수天數의 근본을 살피지 아니하고
거북과 명협[1]의 미물에서 근본을 취하였으니
요堯는 무슨 마음으로 그렇게 한 것인가?"

"천지만물은 모두 수에서 나오므로
각각 수의 징조가 있는 것이다.
하필이면 거북과 명협蓂莢만 그러하겠는가?
사물마다 각각 그 역이 있으니 역은 역사歷史이다."

"그러므로 요의 역제는 바로 거북과 명협의 역이요.
인간세상 역이 아니므로 그것이 인간세상에
부합하지 않는 것은 당연한 것이다."

---

且其曆制 不察乎天數之根本 取本於龜蓂之微物 堯且何心哉 天地
之物 皆出於數 各有數徵 何必龜蓂而已哉 故 於物於事 各有其曆
曆者歷史也 故 堯之曆制 卽龜蓂之曆 非人世之曆 其不合於人世者
固當然也 以故 飜覆三正 將欲苟合而不得 遂致天禍也

"그러므로 삼정三正[2]이 뒤집어져 장차 구차스럽게 맞추고자
하나, 얻지 못하고 마침내 하늘의 화가 이르는 것이다.
대저 역이라는 것은 인생 증리證理의 바탕이니
그 수數가 자신에게 있지 않음이 없는 것이다."

"이런 까닭으로 역이 바르면 하늘 이치와 인간의 일이 부합하여
복이 되는 것이요. 역이 바르지 못하면 천수에 어그러져
화가 되는 것이니 복은 이치가 있는 데 있고,
이치는 바른 깨달음에 있는 까닭이다."

"그러므로 역의 바르고 바르지 못함이 인간세상의
화와 복의 실마리가 되는 것이니 어찌 두렵지 않겠는가?
옛날에 오미의 화가 한 사람의 미혹에서 나와
만대의 생명에 미치거니와 이제 또 역의 화가
장차 천세의 진리에 미치려 하니 참으로 두렵구나!"

大抵曆者 人生證理之其本故 其數無不在躬 是故 曆正則天理人事證
合而爲福 曆不正則乖離於天數而爲禍 此 福在於理存 理存於正證故
也 故 曆之正與不正 人世禍福之端 可不愼哉 昔世五味之禍 出於一
人之迷惑 及於萬代之生靈 今且曆禍 將欲及於千世之眞理 懼矣哉

1. **거북과 명협**  거북은 낙서洛書를 등에 지고 나온 신구神龜를 가리키며, 명협은 중국 요임금 때 났었다는 전설상의 상서로운 풀이다. 지금까지 하도河圖는 하늘 이치를 나타내고, 낙서洛書는 땅의 이치를 나타낸다고 알려져 왔다. 그리하여 하도와 낙서는 동양 모든 철학사상의 근원이 되어 왔다. 하도의 원리는 음양이 평등하고 남녀가 평등하고 만인이 평등하고 만물이 평등함을 나타내고 있다. 반면 낙서는 양이 음을 강력히 통제함으로써 남자가 여자를 다스리고, 강자가 약자를 다스리는 약육강식의 세상을 나타내고 있다(『부도지』 제17장 참조).

유호씨는 낙서가 거북이라는 미물로부터 근본을 취한 것이므로 그것은 인간세상 진리가 아니라 미물인 짐승세계 진리라고 강하게 비판하고 있다. 짐승세계 진리는 약육강식이다. 강한 자가 약한 것을 잡아먹는 것이 진리이다. 그렇게 해도 짐승세계는 자연스럽게 잘 유지가 된다. 짐승세계 강자는 자기 생명을 유지하기 위해서만 약자를 잡아먹으며, 자기 배가 부르면 약자가 아무리 곁에 있어도 더 이상 잡아먹지 않는다. 사자에게 쫓기는 버펄로 떼들도 무리 중 1마리가 희생당하면 더 이상 도망가지 않고 유유히 풀을 뜯을 수 있다. 사자가 더 이상 공격하지 않을 것을 알기 때문이다.

그러나 인간세계에 짐승세계 진리인 약육강식의 논리를 도입하면 어떻게 될까? 짐승은 생명유지를 위해서만 약자를 잡아먹으나 인간은 다르다. 욕망이 끝이 없다. 욕망이 끝이 없기에 약자에 대한 포식을 결코 멈추지 않는다. 강자는 점점 더 강해지고 약자는 점점 더 약해진다. 짐승세계 진리를 인간세계에 적용하면 그러한 사회는 유지될 수 없다.

그러함에도 불구하고 요 · 순 · 우는 자신의 욕망을 채우기 위하여 하늘 이치인 부도의 진리를 배반하고, 거북과 명협의 미물로부터 진리를 구하였다. 요 · 순 · 우가 추구했던 낙서와 오행설은 수천 년 동안 시대를 따라 그 모습을 달리하면서 세상을 전쟁의 소용돌이 속으로 몰아넣었다. 유호씨는 약육강식의 짐승세계 진리가 인간세상 진리인 양 행세하면서 수천 년에 걸쳐 세상을 전쟁의 고통에 빠뜨릴 것을 염려하였다.

**2. 삼정三正** 자월子月 · 축월丑月 · 인월寅月을 정월로 삼는 역曆이다. 단군임검의 부도는 10월을 상달(정월)로 삼았다. 그러나 요 · 순 · 우는 부도를 배반하고 새로운 역을 만들면서 자월 · 축월 · 인월 등을 정월로 삼았다.

『부도지』 제20~23장은 단군임검 특사로 파견된 유호씨가 우임금에게 단군임검의 부도를 배반하지 말 것을 설득하는 내용이다. 하지만 우임금은 끝내 부도를 배반하고 유호씨와 전쟁을 벌이게 된다. 이와 관련하여 중국 측의 『서경』「감서」 제3장은 다음과 같이 기록하고 있다.

"유호씨가 오행을 으르고 업신여기며 삼정三正을 게을리 하고 버리기에 하늘이 그 명을 빼앗아 끊으시니 이제 나는 하늘의 벌을 공손히 행할지니라."

여기서 삼정이 나오는데 해설하기를 "삼정은 자(周의 歲首) · 축(殷의 歲首) · 인(夏의 歲首)의 정월이니, 하나라 정월은 인월로 세웠느니라." 하였다.

# 제23장. 부도符都의 역[1]

"하늘의 도道[2]는 돌고 돌아 스스로 시작과 끝이 있고
시작과 끝이 또 돌아 4번을 거듭하면 다시 시작과 끝이 있다."

"한 번의 시작과 끝나는 사이를 소력小曆이라 하며
두 번의 시작과 끝을 중력中曆이라 하고
네 번 거듭되는 시작과 끝을 대력大曆이라 한다."

"소력의 1회를 사祀[3]라 하며 사에는 13기期가 있다.
1기에는 28일이 있으며 다시 4요로 나뉘고 1요에는 7일이
있다. 요의 끝을 복服이라 하므로 1사祀에는 52요복이 있으니
즉 364일이 있다. 이는 1과 4와 7의 성수性數이다."

"사의 시작마다 대사大祀의 단旦이 있으며 단은 1일과 같으므로
합하여 365일이 된다.

---

天道回回 自有終始 終始且回 疊進四端而更有終始也 一終始之間
謂之小曆 終始之終始 謂之中曆 四疊之終始 謂之大曆也 小曆之一
回曰祀 祀有十三期 一期有二十八日而 更分爲四曜 一曜有七日 曜
終曰服故 一祀有五十二曜服 卽三百六十四日 此 一四七之性數也
每祀之始 有大祀之旦 旦者與一日同故 合爲三百六十五日 三祀有
半 有大朔之昄者 祀之二分節

3과 1/2사祀에 대삭大朔의 판昄이 있으며 판은 1/2사이니,
이는 2와 5와 8의 법수法數이다. 판의 처음은 1일과 같으므로
4번째 사는 366일이 된다."

"10과 1/2사祀에 대회大晦의 구晷가 있으며 구는 시간의
근원이다. 300구가 1묘眇가 된다.
묘는 구晷가 눈으로 느껴지는 것이다."

"이와 같이 9633의 묘각분시眇刻分時가 1일이 되니 이는 3과
6과 9의 체수体數이다. 이 같은 시작과 끝이 중력과 대력에
차례로 이른 후에 마침내 이수理數가 이루어지는 것이다."

"대저 요의 이 세 가지 그릇됨[4]은 헛된 욕망에서 나오는 것이니
어찌 부도의 참된 도와 비교하여 말할 수 있겠는가? 헛된즉
안에 이치가 없으므로 마침내 멸망에 이르고 참된즉 나에게
이치가 늘 넉넉하므로 스스로 존재하는 것이다."

---

此 二五八之法數也 昄之長 與一日同故 第四之祀 爲三百六十六日
十祀有半 有大晦之晷 晷者 時之根 三百晷爲一眇 眇者 晷之感眼
者也 如是經九六三三之眇刻分時爲一日 此 三六九之体數也 如是
終始 次及於中大之曆而理數乃成也 大抵堯之此三誤者 出於虛爲之
欲 豈可比言於符都實爲之道哉 虛爲則理不實於內 竟至滅亡 實爲
則理常足於我 配得自存

1. **역**  천체의 규칙적인 운행을 숫자로 나타낸 것이 역이다. 역에는 태양력·태음력·태음태양력 세 가지가 있다. 본 장은 고대 역법에 대한 소중한 정보를 전해 주고 있는데, 단군임검의 부도는 태양력을 사용하였다. 부도 역법을 살펴보면 1달(期)를 28일(4*7일)로 정하고, 1년을 13달(期)로 하였다. 그리하여 1년이 365일이 되고 4년째 되는 해는 366일로 정하여 1년의 평균 길이를 365.25일로 하였다. 현대 천문학이 1년을 365.25636042일로 정하고 있는 것과 비교할 때, 1년의 길이가 거의 일치한다.

## (1) 태양력

태양력은 태양이 황도상으로 한 바퀴 도는 주기를 1태양력으로 정하여 만든 역으로, 사계절 변화와는 부합되나 달의 삭망과는 일치하지 않는다. 태양이 천구상으로 움직이는 길을 황도라 하며, 황도상의 동서남북 사방에 각각 7개의 별을 정하여 28수宿라 부르고 태양의 위치를 관측하는 데에 사용하였다. 현대 천문학에서는 태양이 황도상을 1주하는 1항성년을 365.25636042일(365일 6시 9분 9.5초)로 정하고 있다.

## (2) 태음력

태음력은 달의 삭망주기를 기준으로 하여 12삭망월을 1태음년으로 한 역이다. 태음력은 달의 삭망과는 정확하게 일치하나 태양의 운행과 관계 있는 계절의 변화와는 일치하지 않는 단점이 있다. 현대 천문학에서 1삭망월은 29.5305882일(29일 12시 44분 2.9초)이다.

### (3) 태음태양력

태음태양력의 경우 한 달 길이를 1삭망월로 한 것은 태음력과 같으나 달의 위상변화를 계절 변화와 맞추기 위해 12개월의 평년과 13개월의 윤년을 두어 그 평균일이 1태양년의 일수와 같도록 만들었다. 과거에는 많은 민족들이 이 태음태양력을 썼으며 현재도 한국 · 중국 · 일본 · 인도 등의 민간에서 널리 쓰이고 있다.

**2. 하늘의 도道**  천체가 운행하는 길이다. 하늘에는 해와 달과 별들이 있어서 끊임없이 운행을 반복한다. 그리하여 땅에서는 춘 · 하 · 추 · 동의 사시사철이 생기고 만물이 생명활동을 이어가게 된다. 태양이 운행하는 길을 황도黃道라 하고, 달이 운행하는 길을 백도白道라 한다.

**3. 사祀**  1년을 사祀라고 하였다. 1년은 시대에 따라 재(載, 요순시대) · 세(歲, 하나라) · 사(祀, 은나라) · 년(秊, 주나라) 등 다양한 명칭이 사용되었다. 부도의 역은 1사祀를 13달로 한 것이 특징이다.

**4. 요의 이 세 가지 그릇됨**  요임금의 세 가지 잘못은 첫째, 제왕지도를 주창한 것(『부도지』 제17장, 20장 참조). 둘째, 오행설을 만든 것(『부도지』 제21장 참조). 셋째, 잘못된 역을 만든 것(『부도지』 제22장 참조)이다. 요의 이 세 가지 잘못은 사람이 사람을 지배하려는 헛된 욕망에서 비롯되었으며, 이 세상을 수천 년간 전쟁의 소용돌이로 몰아넣었다.

# 제24장. 우禹의 멸망

유호씨가 이처럼 간곡하게 훈계하며 모든 법을 폐지하고
부도로 되돌아올 것을 권하였다. 우는 완강하게 듣지 않고
도리어 권위로 얕본다 여기고 마침내 무리를 거느리고
유호씨를 수차례 공격하였으나 이기지 못하고
끝내 모산茅山[1]의 진지에서 죽었다.

이리하여 하夏의 무리들이 분하고 슬퍼하며 죽기를 원하는 자가
수만 명이 되었다. 이는 모두 우와 더불어 치수治水하던 무리였다.
우의 아들 계啓[2]가 이 대군을 이끌고 유호씨 읍[3]으로 쳐들어왔다.
유호씨 군은 수천에 불과하였으나 하군은 싸울 때마다 패하여
아무런 전공도 없었다.

계啓가 마침내 두려워서 진을 물리고 다시는 거병하지 못하니
그 무리들이 격앙되었다. 유호씨가 하夏의 무리들이 눈멀음을 보고
속히 고칠 수 없음을 알았다. 그리하여 장차 서쪽과 남쪽
여러 족속을 가르치기 위하여 무리를 거느리고 가므로
그 읍이 스스로 없어졌다[4].

---

有戶氏 如是叮嚀告戒 勸廢諸法而 復歸於符都 禹頑强不聽 反爲威侮
乃率衆攻有戶氏 數次未勝 竟死於茅山之陣 於是 夏衆悲憤 願死者數萬
此盖與禹治水之徒也 禹之子啓 率此大軍 進擊有戶氏之邑 有戶氏之軍
不過數千 然 夏軍 戰則必敗 一無擧績 啓遂懼而退陣 不復再擧 其衆激
昂 於是 有戶氏 見夏衆之爲瞽盲 以爲不可速移 將欲敎西南諸族 率其
徒而去 其邑自廢

1. **모산茅山** 중국 남경 동남쪽 강소성 진강시 구용句容에 위치한다. 중국도교 상청파 발원지이자 모산종 요람이다. 일설에는 절강성 회계산을 모산이라고도 한다.

2. **계啓** 우의 아들이며 우임금 뒤를 이어 제위에 올랐다. 『사기』「하본기」는 다음과 같이 적고 있다.

"(제위에 오른 지) 10년 후 우임금은 동쪽을 순수하다가 회계에 이르러 세상을 떠났다. 우는 천하를 익에게 넘겨주었다. 삼년 상이 끝나자 익은 우임금 아들 계에게 제위를 양보하고 기산箕山으로 피하여 살았다. (중략) 계임금은 우의 아들로, 그의 어머니는 도산씨 딸이다. 유호씨가 복종하지 않자 계가 토벌하려고 감甘에서 크게 싸웠다. (중략) 마침내 유호씨를 멸망시키니 천하가 모두 알현하러 왔다."

3. **유호씨 읍** 유호씨 나라는 현 중국 섬서성 장안 부근에 있었다. 우가 하나라를 세울 당시 단군임검 특사로 파견된 유호씨는 서쪽에 거처하면서 묘예를 수습하고, 소부와 허유의 고향과 통하며 서남의 여러 족속과 연결하여 큰 세력을 구축하고 있었다(『부도지』 제20장 참조). 소부와 허유의 고향은 현 중국 하남성 낙양 근처 숭산 남쪽 기산箕山이 있는 곳이다. 유호씨 연합세력은 장안과 낙양을 중심으로 소부와 허유 및 우임금 후계자로 지목되었던 익 등 쟁쟁한 인물들이 참여하였다. 『서경』「감서」에 우임금 아들 계가 감 땅으로 유호씨를 정벌하러 가는 내용이 나온다. 중요한 내용들이 나오므로 「감서」 전체를 살펴본다.

"감甘에서 크게 싸울 때에 육경六卿을 부르시다. 왕이 가라사대 아, 육사의 사람들아! 내 맹세하여 그대들에게 고하노라. 유호씨가 오행을 으르고 업신여기며 삼정을 게을리 하고 버리기에 하늘이 그 명을 빼앗아 끊으시니 이제 나는 하늘의 벌을 공손히 행할지니라.

왼쪽이 왼쪽을 다스리지 아니하면 그대는 명에 공손하지 않음이며, 오른쪽이 오른쪽을 다스리지 아니하면 그대는 명에 공손하지 않음이며, 마부가 그 말을 바르게 하지 아니하면 그대는 명에 공손함이 아니니라.

명으로써 하는 이는 조묘祖廟에서 상을 주고, 명으로 하지 않은 이는 사직社稷에서 죽이되, 내 너의 처자식까지 죽이리라."(『하서』 제2편 「감서甘誓」 1~5장, 작성자 법고창신)

위 「감서」에서 전쟁 이유가 "유호씨가 오행을 으르고 업신여기며 삼정三正을 게을리 하고 버리기 때문"이라고 하였다. 삼정은 요·순·우 역의 정월이다(『부도지』 제22장 참조). 오행설과 역법 차이의 갈등으로 전쟁이 일어나는데, 『부도지』에서 전하는 내용과 일치한다. 그런데 「감서」의 특이한 점은 전쟁하러 간 내용은 있는데 전쟁의 승패에 대한 기록은 없다.

사마천의 『사기』는 "계가 마침내 유호씨를 멸망시키니 천하가 모두 알현하러 왔다."고 적었으며, 『부도지』는 "하군夏軍은 싸울 때마다 패하여 아무런 전공도 없었다."고 상반된 기록을 하고 있다. 사마천 주장처럼 계가 유호씨를 멸망시켰다면 중국측 기록인 『서경』「감서」가 이를 기록하지 않았을 리가 없다. 『부도지』 기록이 훨씬 설득력이 있다.

**4. 그 읍이 스스로 없어졌다** 유호씨가 하夏의 무리들이 눈멀음을 보고 속히 고칠 수 없음을 알았다. 그리하여 장차 서쪽과

남쪽 여러 족속을 가르치기 위하여 무리를 거느리고 가므로 그 읍이 스스로 없어졌다.

참으로 안타까운 일이다. 유호씨가 우에게 그토록 간곡하게 오행설의 잘못을 지적하고, 제왕지도의 패권주의와 짐승의 역인 낙서 역법을 버리고 단군임검 부도로 복귀하도록 간곡하게 설득하였으나 우가 끝내 듣지 않았다. 뿐만 아니라 전쟁을 일으켜 유호씨를 공격하다가 모산 진지에서 죽었다. 우의 아들 계 또한 수만 군사를 이끌고 유호씨를 수차례 공격하였으나 모두 패하였다. 그런데도 불구하고 하나라 민중은 오히려 분개할 뿐 부도로 복귀하려 하지 않았다. 유호씨가 하나라를 무력으로 제압할 수는 있었을 것이다. 그러나 부도 통치이념은 사해평등과 민족자치였다. 하나라 민중이 부도로 복귀하려고 하지 않는 이상 유호씨도 어쩔 수 없는 일이었다. 하나라 민중을 포기할 수밖에 없었다. 유호씨가 섬서성 장안 일대를 포기함으로써 단군임검 부도의 통치력은 황하 이북으로 대폭 축소되었고, 마침내 중화족이 섬서성과 황하 이남 지역을 모두 차지하는 계기가 되었다.

단군임검 부도와 중화족 요·순·우의 전쟁은 4,000여 년 전에 일어난 일이다. 그것은 인간을 지배하는 이성과 욕망의 전쟁이었다. 단군임검 부도는 인간의 드높은 이성에 근거하여 천부이치 하도를 바탕으로 사해평등과 민족자치를 추구하였다. 반면 요·순·우는 인간의 불타는 욕망에 근거하여 짐승세계 이치 낙서를 바탕으로 중화제일의 패권주의를 추구하였다.

역사는 반복된다. 수천 년 전 일어났던 단군임검 부도와 중화족 요·순·우의 전쟁은 그 이후의 인류역사에도 깊이 투영되어 왔다. 부도 진리가 성하였을 때 인류는 한 가족으로 평화를 누릴 수 있었으며, 반면 패권주의가 성하였을 때 인류는 전쟁의 소용돌이에 신음하였다.

# 제25장. 월식과 성생 땅에 전도

이로부터 천산 남쪽 태원太原 지역이 시끌벅적하여
주인이 없는 것 같았다. 왕이나 백성도 모두 눈이 멀어
어둠이 중첩되니 강자는 위가 되고 약자는 아래가 되었다.
왕과 제후들에게 나라를 봉하는 풍조[1]로
민중의 삶을 억누르는 폐단이 널리 퍼져 고질병이 되었다.

마침내 서로 침범하고 빼앗으며 무리지어 생명을 해치므로
세상에 하나의 이로움도 없었다. 이러므로 하나라와 은나라가
모두 그 법으로 망하였으나 끝내 그 까닭을 알지 못하였다.

이는 부도와 스스로 끊어짐으로써
진리의 도를 듣지 못한 까닭이었다.

---

自是 天山之南 太原地域 紛紛然囂囂然若無主人 所謂王者爲瞽
所謂民者爲盲 暗黑重疊而 强者爲上 弱者爲下 王侯封國之風
制壓生民之弊 蔓延成痼 遂至於自相侵奪 徒殺生靈 一無世益
以故 夏殷 皆亡於其法而 終不知其所以然 此 自絶符都 未聞眞
理之道故也

어느덧 유호씨가 그 무리를 거느리고 월식과 성생의 땅으로
들어가니 바로 백소씨와 흑소씨 고향이었다.
양 소씨 후예들이 오히려 소 만드는 풍습을 잃지 않고
높은 탑과 계단[2]을 많이 만들었다.

그러나 천부의 본음本音을 잃어버리고 탑을 만드는 유래를 알지
못하였다. 도道는 이상하게 그릇 전해지고 서로 시기하고
의심하며 정벌을 일삼았다. 마고의 일은 거의 이상야릇하고
행적이 없어져 허망하게 되었다.

유호씨가 여러 지역을 돌아다니며 마고의 도[3]와 천부 이치[4]를
말하였으나 무리가 모두 의심하며 받아들이지 않았다.
오직 옛 일을 주관하는 사람[5]이 송구히 나와서 맞이하므로
유호씨가 근본이치를 말하여 전하였다.

於焉 有戶氏 率其徒 入於月息星生之地 卽白巢氏黑巢氏之鄕也 兩
巢氏之裔 猶不失作巢之風 多作高塔層臺 然 忘失天符之本音 未覺
作塔之由來 訛轉道異 互相猜疑 爭伐爲事 麻姑之事殆化奇怪 泯滅
於虛妄 有戶氏周行諸域 說麻姑之道 天符之理 衆皆訝而不受 然
唯其典古者 悚然起來而迎之 於是 有戶氏 述本理而傳之

1. **왕과 제후들에게 나라를 봉하는 풍조** 왕과 제후들에게 나라를 봉하는 풍조는 단군임검의 세계일가에 반기를 든 요임금이 멋대로 천하를 9주로 나누고 제후들에게 나누어 준 것으로부터 비롯되었다. 『부도지』는 이러한 풍조로 인하여 민중의 삶을 억누르는 폐단이 널리 퍼지고, 마침내 서로 침범하고 빼앗으며 무리지어 생명을 해치므로 세상에 하나의 이로움도 없었다고 기록하고 있다.

『부도지』는 우리에게 커다란 의문을 던지고 있다. 나라가 왜 필요한가? 국민의 생명과 재산을 지키기 위하여 나라가 필요한가? 아니면 나라가 있기에 국민의 생명과 재산을 지켜야 할 일이 생겨났는가?

우리는 지금 남북으로 갈라져서 서로를 지키기 위하여 막대한 군사력을 보유하고 있으며, 엄청난 국방비를 부담하고 있다. 만약 남북이 통일된다면 어떻게 될까? 군사력을 대폭 줄여도 될 것이다. 그러므로 나라가 나누어질수록 더 많은 군사력이 필요해짐을 알 수 있다. 일반 국민은 통일이 되면 훨씬 유리한데 왜 통일이 되지 않는 것일까? 그것은 기득권 세력 때문이다. 통일이 되면 기득권을 포기해야 하는 세력이 있기 때문이다. 나라를 만드는 것은 일반 민중을 위해서가 아니라 권력자들이 사욕을 채우기 위한 것이다. 나라가 나누어질수록 사람들의 자유로운 왕래가 어려워지고 인류평등과 세계일가의 꿈은 점점 멀어진다. 우리는 역사 시간에 국가성립을 역사의 진보로 배우고 있다. 그러나 나라를 세우고 왕을 봉하는 풍조는 인류 역사의 진보가 아니라 퇴보였다.

2. **높은 탑과 계단** 지구라트나 피라미드 또는 불교 탑의 유

래를 밝혀 주는 귀중한 대목이다. 높은 탑과 계단은 마고성의 소巢에서 유래하였다.

3. **마고의 도**  마고의 도는 요약하면 '증리해혹證理解惑 수증복본修證復本'이다. "진리를 깨달아 의혹을 풀고, 깨달음을 실천하여 근본자리로 되돌아간다."는 뜻이다. 이를 해혹복본解惑復本으로 요약할 수 있다. 『부도지』 전편을 통하여 흐르는 철학이 해혹복본이다. 의혹은 하늘을 가리는 먹구름 같아서 본래의 푸른 하늘을 볼 수 없게 한다. 의혹 즉 의심이 만병의 근원이다. 우리가 되돌아가야 할 근본자리는 무엇인가? 그것은 우리의 본성本性이자 우주만물이 하나가 되는 곳이다. 근본자리에서 우리는 우주의 주재자인 율려와 하나 되어 우주의 운행질서에 동참한다. 구체적으로는 인류가 신성을 회복하고 잃어버린 낙원 마고성을 회복하는 것이다.

4. **천부 이치**  천부지리天符之理는 천부 이치, 즉 하늘 뜻에 부합하는 진리이다. 천부 이치는 하도, 『천부경』, 부도역 등이다. 하도는 하늘 진리를 형상화한 것이며, 부도역은 하늘 진리를 숫자로 나타낸 것이다. 『천부경』은 하늘 진리를 81자의 한자로 쓴 경이다.

5. **옛 일을 주관하는 사람**  샤먼(무당)이다. 샤먼(shaman)은 퉁구스 만주어로 '아는 사람'이라는 뜻이다. 병을 고치고, 공동 제사를 주관하며, 죽은 자의 영혼을 저 세상으로 인도하는 역할을 하며, 그 부족의 전통 구전을 지키는 사람이다.

# 제26장. 천부天符의 봉쇄

임검씨가 유호씨 행적을 듣고 그 길을 장하게 여겨
유호씨 족속으로 하여금 교부에 취업하여 살게 하였다.
이때에 임검씨가 하토의 형세를 심히 걱정하며 마침내 입산하여
해혹복본의 도를 닦는 데 전념하였다.

임검씨 아들 부루씨夫婁氏[1]가 천부삼인을 이어받아
천지가 하나의 이치이며 인생이 한 족속임을 밝혔다.
부모와 조상의 도를 크게 일으키고 천웅의 법을 널리 행하며
인간세상의 증리證理하는 일에 전념하였다.

늘 운해雲海의 족속들과 가까이 하며 하토가 하나로 돌아오도록
애썼으나 이도가 점점 성하므로 끝내 뜻을 이루지 못하였다.
부루씨夫婁氏가 천부를 아들 읍루씨浥婁氏[2]에게 전하고
입산하였다.

---

壬儉氏 聞有戶氏之行 壯其途 使有戶氏之族 就於教部而居之 是時
壬儉氏 甚憂夏土之形勢 遂入山專修解惑復本之道 壬儉氏之子夫婁
氏 繼受天符三印 證天地之爲一理 人生之爲一族 大興父祖之道 普
行天雄之法 專念人世證理之事 尙繫密雲海之族 慾試夏土之歸一
異道漸盛 未得遂意 夫婁氏傳符於子浥婁氏入山

읍루씨가 태어나면서 큰 자비심의 소망으로 천부삼인을
이어 받았다. 하족이 도탄에 빠지는 것을 불쌍히 여기시고
진리가 거짓의 땅으로 떨어지는 것을 비통히 여겼다.

마침내 천부를 밝은 땅의 단壇에 봉쇄하고[3] 입산하여
복본의 큰 서원을 닦는 데 전념하며
백 년 동안 나오지 않으므로 남은 무리들이 목 놓아 울었다[4].

임검씨가 후천말세의 초에 태어나 사해의 장래를 미리 살피고
부도건설의 본을 보이시니 천 년 동안 그 공로가
크고도 지극하였다.

이때에 이르러 천부의 전함이 끊어지니
마고성에서 갈라져 살아온 이래로
황궁 · 유인 · 환인 · 환웅 · 임검 · 부루 · 읍루씨 7세 칠천 년간
천부가 전해졌다.

---

浥婁氏生而有大悲之願 繼受天符三印 哀憫夏族之陷於塗炭之中 悲
痛眞理之墮於詐端之域 遂封鎖天符於明地之壇 乃入山專修復本之
大願 百年不出 遺衆大哭 壬儉氏 生於後天末世之初 豫察四海之將
來 示範符都之建設 千年之間 其功業 大矣至矣 至是符傳廢絶 麻
姑分居以來 黃因桓雄儉夫婁七世符傳七千年

1. **부루씨夫婁氏** 『환단고기』「단군세기」에 의하면 고조선은 2,096년간(BC 2333~238) 47명의 단군이 다스렸다. 부루씨는 2세 부루扶婁 단군이다. 가을에 햇곡식을 항아리(단지)에 담아 사람 손이 닿지 않는 곳에 두어 집안의 안녕을 비는 항아리를 부루단지라 한다. 지금도 이 풍속이 이어지고 있는데 이는 물을 잘 다스려 백성이 한 곳에 정착하여 농사지으며 살 수 있게 해 준 부루 임금에 대한 고마움을 기리기 위해서라 한다(고동영 저 『환단고기』 86쪽).

2. **읍루씨浥婁氏** 21세 소태蘇台 단군이다. 단군임검이 BC 2333년에 고조선을 세워 세상을 다스린 지 일천여 년이 지난 21세 소태 단군(BC 1337~1286) 시대에 고조선에서 큰 사건이 발생하였다. 소태 단군을 보좌하던 우현왕右賢王 색불루가 쿠데타를 일으켜 단군 자리를 차지한 것이다. 고조선 부도는 사해평등과 민족자치의 통치이념에 따라 단군은 모든 민족의 만장일치 추대로 결정되어 왔다. 그런데 22대 색불루 단군의 쿠데타를 통한 집권은 부도 진리를 정면으로 허물어뜨린 사건이었다. 이로 인하여 황궁씨로부터 7,000여 년간 이어오던 부도 진리가 맥이 끊어지게 되었다. 『환단고기』「단군세기」와 「태백일사」의 '마한세가'와 '번한세가'에 이때의 일이 자세하게 기록되어 있다.

3. **천부를 밝은 땅의 단壇에 봉쇄하고** 21세 소태 단군은 우현왕 색불루가 쿠데타를 일으켜 22세 단군 자리를 차지하자, 천부를 밝은 땅의 단에 봉쇄하고 말았다. 부도 진리를 허물어뜨린 쿠데타 세력에게 천부를 전할 수 없었던 까닭이다. 『환단고기』는 21세 소태 단군이 22세 색불루 단군에게 옥책국보玉冊國

寶를 넘겨주었다고 하였다. 그리하여 이후로도 47세 단군까지 일천여 년(BC 1285~238)을 계속 이어가는 것으로 기술하고 있다. 그러나 『부도지』는 이때에 이르러 천부의 전함이 끊어졌다고 하였다.

단군임검이 부도를 건설하고 사해평등과 민족자치의 통치이념에 따라 세상을 다스린 이래로 일천여 년 동안 인류는 한 가족으로써 평화를 누릴 수 있었다. 신시·조시·해시의 모임을 통하여 인류가 마고성 낙원으로 한 발짝 더 나아갈 수 있는 기틀을 다졌다. 비록 요·순·우의 반란이 있었지만 그것은 하남성과 섬서성 등 대륙 일부에 국한된 사건이었다. 그러나 우현왕 색불루에 의한 쿠데타는 부도 중심부에서 부도 진리를 무참하게 허물어 버리는 사건이었다. 이리하여 마고성 낙원을 향한 인류의 꿈은 멀어지고 세상에는 약육강식의 패권주의 시대가 도래하였다. 천부를 봉쇄하는 것! 그것은 사랑과 진리의 역사가 끝나고 투쟁과 거짓의 역사가 시작됨을 알리는 서곡이었다.

**4. 남은 무리들이 목 놓아 울었다**  천부를 봉쇄함으로써 부도의 꿈이 무너져 버렸다. 마고성 낙원을 향한 인류의 꿈이 좌절되었다. 마고성은 우리 모두의 고향이다. 사랑과 진리로 충만한 그곳! 모든 욕망의 사슬이 끊어지고 자유로운 영혼으로 비상하는 그곳!

어찌 슬프지 않으리오! 7,000년을 간절히 이어 온 인류의 꿈이 무너져 내리고 있었다. 부도의 남은 무리들이 목 놓아 슬피 울었다. 그들의 울음 너머로 약육강식의 처절한 투쟁의 역사가 시작되고 있었다.

# 제3부

◆

# 소부도 시대

제27장. 기자의 망명과 삼한 성립

제28장. 혁거세의 추대

제29장. 소부도小符都 건설

제30장. 마랑馬郎의 원행

제31장. 왕국건설 논의

제32장. 왕국건설 중론의 부침

제33장. 부도 복건復建의 꿈

# 제27장. 기자의 망명과 삼한 성립

은殷의 망명인 기자箕子[1]가 패잔병과 난민을 이끌고
부도 서쪽에서 도망 왔다. 명분을 위하여 당우唐虞의 법[2]을
시행하며 오행과 삼정三正[3]을 사용하고, 홍범무함洪範巫咸[4]을
실시하니 천웅의 도[5]와 절대로 서로 용납될 수 없었다.

은의 군사와 무리들이 부도의 남은 민중을 무력으로 억누르니
남은 무리들이 마침내는 밝은 땅의 단을 봉쇄한 후
동해지빈東海之濱[6]으로 피하여 살았다.

바로 옛날 사례벌斯禮筏[7]의 빈 땅이었다. 사례벌은 긴 깃발로
광야에 유배된 사람이 아침에 걸고 저녁에 내려서
멀리서 지키는 사람이 도망가지 않았음을 알도록 하는 것이었다.

마침내 6촌을 건설하고 인접한 여러 족속과 더불어 분담하여
지키면서 각자 한韓이라 칭하고 지키니 한은 보위의 뜻으로
북의 마한, 남의 변한, 동의 진한 등 삼한[8]이었다.

---

殷之亡人箕子 率敗軍難民 逃來於符都之西 爲名行唐虞之法 用五
行三正 施洪範巫咸 與天雄之道 固不相容 殷之軍民 武壓符都之遺
衆 遺衆 遂封禁明地之壇 避住於東海之濱 卽昔世斯禮筏之空地也
斯禮筏者 長旗 曠野之謫人 朝揭暮藏 使遠居之守者 知其不逃也
乃設六村 與隣接諸族 分擔共守 各稱韓而保之 韓者保衛之意 北馬
南弁東辰之三韓

부족들이 자치를 행하며 선세先世의 도를 굳게 지키므로
이래 천 년 동안 은나라 기자의 법을 받아들이지 않았다.
그러나 보존하고 막는 일에 전념하느라 거의 여력이 없었다.

이때에 하토夏土의 싸우고 빼앗는 풍조가 점점 심해져서
동요와 혼란이 삼한으로 파급되었다.
이에 6촌의 사람들이 의논하였다.

"서쪽의 화가 점점 밀려와 보수保守가 장차 위태하므로
불가불 통합하여 방비할 수밖에 없다."

마침내 경계를 정하며 요새를 설치하고 혁거세를 추대하여
통합방비 하는 일을 맡겼다. 모든 족속이 또한 수령을 세워 방
비하니 남은 백제요 북은 고구려였다.

고구려는 곧 북보北堡의 땅을 회복[9]하고,
서쪽에서 침범하는 사람들을 몰아내고,
그 지역을 완전히 지켰다.

---

自行部族之治 固守先世之道 邇來千年之間 不納殷箕之法 專以保
防爲事 殆無餘力 於是 夏土爭奪之風 漸次激甚 動搖混亂 波及於
三韓 是時 六村之人 相謀以爲西禍漸迫 保守將危 不可不統合防
備 遂限境設塞 推擧赫居世 委任統御之事 諸族 亦擧首領而防備
南曰百濟 北曰高句麗 高句麗 仍卽恢復北堡之地 驅逐西侵之人
完保其域

1. **기자箕子**　이름은 수유이고 자는 서여이다. 기箕는 나라 이름이며 자子는 작위로 기자가 다스리던 곳은 중국 산서성 태원시 남쪽 기국이다. 기자는 은나라 왕족으로 주 무왕에 의해 나라가 멸망하자 조선으로 망명하여 왕이 된 후 조선 백성에게 문명을 가르쳤다고 한다. 정전제를 실시하고 농사짓는 법과 누에치는 법을 가르쳐 백성이 기뻐했다고 전하고 있다.

하지만 『부도지』는 기자에 대하여 우리가 지금까지 알고 있는 상식과는 완전히 다른 내용을 전하고 있다. 기자는 단군조선으로 망명한 후 부도의 법과 다른 당우唐虞 법을 시행하며, 오행과 삼정을 사용하고, 홍범무함을 실시하여 고조선 민중과 많은 마찰을 일으켰다. 그리고 무력으로 억누르므로 고조선 민중이 동해 바닷가로 피하였다고 한다. 기자가 단군조선으로 망명하여 은나라 제도를 시행하려 하였으나 부도 백성은 기자조선을 인정하지 않았다.

그러면 일개 망명객에 불과한 기자가 어떻게 부도(아사달, 조선) 지역을 차지할 수 있었을까? 『부도지』 제26장에 의하면 기자가 부도로 망명하기 일백여 년 전부터 부도는 이미 통치체계가 와해된 상태에 있었다.

기자가 침범한 후 부도(아사달, 조선)의 땅은 춘추시대에 선우국鮮于國으로 이어졌다. 『회남자』에 의하면 "기자는 조선朝鮮에 봉해지고, 기자의 둘째 아들은 우(于, 하북성 평산平山으로 추정)에 봉해졌다. 여기서 자손들은 조선의 선鮮과 봉지 우于를 따서 선우씨鮮于氏라 했다."고 한다. 또 중국 고대사학자 하광악何光岳이 쓴 『염황원류사』「역림」 편에 "기자가 하북성 북쪽으로 이동하여 선우국을 세웠다(箕子北遷河北 建立鮮于國)."고 하였다. 중국고지도 『청국지지』에 수록된 「춘추열국도」에 선우국

鮮于國 위치가 하북성 백석산 일대로 나타나고 있다. 그러므로 『사기』·『한서』·『위략』·『삼국지』 등 중국의 각종 사서에서 기자가 갔다는 조선은 하북성 보정시 만성현滿城縣 일대로, 이곳에 고조선 중심지 왕검성이 있었다.

선우국은 춘추시대 강대국 진晉과 60여 년간(BC 507~449) 12차례 전쟁을 치렀다. 춘추 말 전국초인 기원전 414년에는 중산국中山國으로 나라 이름을 바꾸었다. 중산국은 태행산맥 아래에 위치하였고, 위나라, 조나라, 제나라, 연나라에 둘러싸여 있었다. 중산국도 주변국들과 수많은 전쟁을 치렀는데, 기원전 408년 위나라에 병합되었다가 기원전 380년 환공桓公 때 재건된 후 조나라와 연나라를 거의 멸망시킬 정도로 세력을 떨쳤다. 그러다가 BC 296년 조나라 무령왕에게 멸망하였다. 중국고지도 『청국지지』에 수록된 「전국칠웅도」를 보면 중산국 위치도 선우국鮮于國과 마찬가지로 하북성 백석산 일대로 나타나고 있다. 중산국은 전국칠웅과 자웅을 겨룬 강대국으로 중국 여러 역사서에서 많이 언급되고 있으며, 1973년과 1974년 두 차례의 발굴로 그 실체가 고고학적으로도 입증되었다.

"춘추전국시대 신비의 나라였던 중산국 실체가 1973년과 1974년 두 차례의 발굴로 그 모습을 드러내었다. 1973년 5월 텐진시天津市 우칭셴武清縣에서 827자가 새겨진 동한시대의 비석이 확인되었다. 비석 상단에는 고풍스러운 전서篆書로 '한나라 안문태수 고 선우황비(漢故雁門太守鮮于璜碑)'라는 제목이 새겨져 있었다. 비문에는 동한시대 환제 때인 AD 165년임을 뜻하는 연호가 새겨져 있었고, 다음과 같이 선우의 조상이 은나라 기자임을 밝히고 있었다.

'(선우)의 이름은 황이며, 자는 백겸인데, 그 조상은 은나라 기자箕子의 후예에서 나왔다(君諱璜 字伯謙 其先祖出于殷箕子之 苗裔~).'(장주본 탁본 첫머리)

또 1974년 11월, 허베이성河北省 핑산平山 싼지셴三汲縣. 수리 공사가 한창이던 이곳에서 놀라운 발굴이 이뤄진다. 춘추전국시대 신비의 나라였던 중산국의 실체 드러난 것이다. 이곳에서 중산국 전성기에 해당되는 중산왕 착錯의 무덤을 비롯, 3기의 왕릉이 확인됐다. 정(鼎 · 예기로 쓰인 솥)에는 명문이 새겨져 있었는데 중산국이 조나라와 연나라 등 강대국들을 물리쳤다는 내용이 담겨 있었다. 결국 중산국 심장부에서 확인된 중산왕릉 묘의 발굴 성과와 베이징~텐진 사이 우칭셴에서 발견된 선우황비는 은(상)과 선우 · 중산국, 기자조선의 삼각함수를 풀 결정적인 열쇠가 된 것이다. 즉 '선우=은(상)의 후예=기자箕子의 후예'라는 등식이 성립된 것이다. 누누이 강조하지만 역사를 복원할 때 문헌은 움직일 수 없는 귀한 자료다. 하지만 명문이라고 하는 금석학 자료와는 결코 견줄 수 없다. 문헌은 전해 내려오면서 조작이나 왜곡, 오류의 위험성을 지니고 있지만 명문(금석문)은 당대에 당대인들이 직접 쓴 기록이기 때문이다."(이형구 · 이기환 저『코리안 루트를 찾아서』)

이상에서 살펴본 것처럼 기자가 도망간 조선은 하북성 보정시 만성현 일대로 이곳에 고조선 중심지 왕검성이 있었다. 기자조선은 춘추시대에 선우국鮮于國으로 존재하였으며, 춘추말 전국시대에는 중산국中山國(BC 414~296)으로 이어지다가 기원전 296년 조나라에게 멸망하였다.

한편 『삼국지』에서 인용한 『위략』에 의하면 "진秦나라가 천하를 통일한 뒤, 몽염蒙恬을 시켜서 장성을 쌓게 하여 요동에까지 이르렀다. 이때에 조선왕 부否가 왕이 되었는데, 진秦나라의 습격을 두려워한 나머지 정략상 진나라에 복속은 하였으나 조회에는 나가지 않았다. 부否가 죽고 그 아들 준準이 즉위하였다."고 하였다. 중산국 멸망 후 어느 시기엔가 기자조선이 다시 부활하였음을 알 수 있다. 후일 위만衛滿이 기자조선에 망명하여 정권을 탈취함으로써 기자조선은 막을 내렸다.

단군조선, 기자조선, 위만조선 중심지는 모두 하북성 보정시 만성현滿城縣 일대 왕검성이었다. 기자조선과 위만조선은 고조선 민중의 지지를 얻지 못하여 단군조선 법통을 계승하지는 못하였다. 이 시기는 고조선이 분열되고, 기자조선 및 위만조선은 삼한과 양립하는 시기였다.

**2. 당우唐虞의 법** 요임금과 순임금의 법으로 제왕지도帝王之道의 패권주의이다.

**3. 오행과 삼정三正** 오행은 오행설이며, 삼정은 자子·축丑·인寅을 정월로 삼는 역법이다(『부도지』 제22장 참조). 부도에서는 10월을 상달이라 하여 정월로 삼고 조제를 올리며 하늘 백성이 되기를 기원하였다. 이러한 전통은 10월 3일을 개천절로 삼아 지금까지 전해지고 있다. 반면 중화족은 왕조가 바뀔 때마다 정월을 자월·축월·인월로 역을 바꾸면서 왕조의 정통성을 부여하려고 하였다.

부도 역이 천수지리天數之理와 해혹복본解惑復本을 바탕으로 하여 만들어짐으로써 수천 년을 변함없이 이어진 반면, 중화족

역은 새로운 왕조의 정통성을 확보하는 수단으로 이용됨으로써 왕조가 바뀔 때마다 역이 바뀌는 일이 반복되었다.

고대에는 역법이 정치·종교·철학·문화 등 모든 인간생활 중심에 있었으며, 10월을 정월로 삼는 한민족 역법과 자월·축월·인월 중 하나를 정월로 삼는 지나족 역법이 서로 대립하였다. 역법은 천자국만이 제정할 수 있었으므로 어떤 민족이 어떤 역을 사용하였는지 알면 그 소속관계를 파악할 수 있다. 기자가 부도(아사달, 조선)로 망명하여 지나족 역법을 쓰려고 하였으므로 고조선 민중과 충돌할 수밖에 없었다. 참고로 진秦나라와 초기 한漢나라도 10월을 정월로 하는 고조선 역법을 사용하였다. 진나라와 초기 한나라도 고조선 통치이념을 따랐음을 알 수 있다. 한나라는 훗날 한무제가 고조선을 평정한 후 비로소 자子월을 정월로 하는 지나족 역법으로 변경할 수 있었다.

오늘날 우리는 은나라 정월이자 한무제가 변경한 정월이기도 한 음력 1월을 설날로 쓰고 있으며, 1만 년을 이어온 한민족 으뜸 명절인 10월 상달 개천절 행사는 빛을 바래고 있다. 한반도에 갇힌 우리의 초라한 모습을 보여 주는 자화상이다. 10월 상달 개천절 행사를 거국적 축제로 승화시키는 날, 한민족 웅비의 날이 다시 오리라!

4. **홍범무함洪範巫咸**  홍범구주라고도 한다. 중국 하나라 우禹왕이 남겼다는 정치 이념으로, 9개 조항의 큰 법이라는 뜻이다. 우왕이 홍수를 다스릴 때 얻은 낙서를 보고 만들었으며, 주나라 무왕이 기자에게 정치를 물었을 때 기자가 홍범구주를 가르쳤다고 한다. 『서경』「주서周書」'홍범편'에 수록되어 있다. 9조목은 오행·오사·팔정·오기·황극·삼덕·계의·서징 및 오

복과 육극이다.

　5. **천웅의 도** 『부도지』는 제11장에서 "천웅의 도를 세워 사람들로 하여금 그 말미암은 바를 알게 하였다."고 짧게 언급하였을 뿐 '천웅의 도'에 대하여 구체적인 내용은 나오지 않는다. 그러나 본문 내용으로 보아 환웅천왕이 '천웅의 도'를 세운 이래로 기자 망명이 있기까지 우리 한민족이 수천 년 세월을 지켜왔음을 알 수 있다. '천웅의 도'는 해혹복본解惑復本을 바탕으로 하는 '마고의 도'와 크게 다르지 않았을 것이다. 해혹복본은 "의혹을 풀고 근본자리로 되돌아간다."는 뜻이다. 의혹을 풀기 위하여 진리를 깨달아야 하는데, 부도 진리는 기화수토설氣火水土說, 하도河圖, 『천부경天符經』, 부도역符都易 등이다. 이는 기자가 시행한 당우의 법과 오행과 삼정 및 홍범무함과는 근본적으로 다르다.

　중국에서 가장 오래된 지리서 『산해경』은 부도 조선을 가리켜 천독天毒이라 하였다. 이 글에 대하여 중국 진나라 시대 학자 곽박(郭璞, 276~324)은 "천독天毒이라는 말은 천축국天竺國이다."고 하였으며, "부도浮屠가 이 나라(조선)에서 나왔다."고 하였다. 부도浮屠란 원래 부다(붓다=부처), 불교를 뜻하는 말이다. 환웅천왕이 단군임검 부도에서 부처로 받들어졌음을 알 수 있다. 또 오늘날 불교에서 부처 모신 곳을 대웅전大雄殿이라 부르는 것을 보더라도 '천웅의 도'는 불교 모태가 되었음을 짐작할 수 있다(『부도지』 제13장 참조).

　6. **동해지빈東海之濱** 기자의 법을 따르기 싫어 부도 민중이 피난한 곳이다. 기자는 산서성 태원시 남쪽 기국箕國을 다스렸

으며, 은나라가 망한 후 태원시 북쪽으로 피하여 살다가 부도 서쪽에서 부도로 망명하였다. 그리고 부도 민중은 기자를 피하여 동해 쪽으로 이동하였다. 부도 민중이 피난한 동해지빈은 중요한 역사적 의미를 가진다. 『부도지』는 천 년 세월이 흐른 후이 지역을 중심으로 신라가 일어나서 부도를 재건한다고 하였다. 우리나라 삼국시대 역사를 이해하려면 동해지빈이 어디인지알아야 한다. 과연 부도 민중이 피난한 동해지빈東海之濱은 어디일까?

## (1) 동해의 '빈濱' 지역

중국 동쪽 해변에 위치한 빈濱 지역을 우선 생각할 수 있다. 현 중국 산동성 빈주시濱州市 일대이다. 「춘추열국도」 등 여러 중국 고지도에 지명이 빈濱으로 나타난다. 부도 민중이 기자와 전쟁을 하다가 쫓겨 가는 것이 아니라 기자의 법이 따르기 싫어 피하는 상황이므로 부도에서 멀리 갈 필요는 없었을 것이다. 그런 점에서 『부도지』에서 말하는 동해지빈은 부도에서 가까운 '동해의 빈濱 지역'일 가능성이 가장 높다.

상고시대 빈濱 지역은 황하에 의하여 섬처럼 구분되어 적을 방어하기에 아주 좋은 지리적 조건을 갖추고 있었다. 이곳 빈濱 지역은 후일 한무제가 설치한 창해군蒼海郡 남쪽 지역에 해당한다. 창해군은 오늘날 하북성 창주시 일대이다. 『사기』와 『한서』에 의하면 "원삭 원년(BC 128) 동이의 예군 남려 등 28만 명이 항복을 하여 창해군蒼海郡으로 삼았다."고 하였으며, 『후한서』에 "예군 남려 등이 우거에게 반란을 일으키고, 28만 명을 거느리고 요동으로 가서 내속하니 무제가 그 땅을 창해군으로 삼았다.”고 하였다. 그러나 창해군은 원삭 3년 봄 폐지되었고, 도로 위만조선에 속하게 된 곳이다.

## (2) ‘동해東海’라는 지역의 물가

중국 산동성 남쪽 바닷가에 ‘동해東海’라는 지명이 있었다. 부도 민중이 피신한 곳은 ‘사례벌斯禮筏의 빈 땅’으로 죄인의 귀양지라고 하였다. ‘동해’ 근처 우산羽山은 순임금 당시에 우의 아버지 곤이 귀양 가서 죽은 귀양지이므로 ‘동해’도 『부도지』의 동해지빈에 부합되는 지역이다. 그리고 부도 민중이 나중에 신라를 세우는데, 신라의 처음 이름이 서라국徐羅國이고 ‘동해’ 부근이 서주徐州인 점도 비슷하다(『부도지』 제32장 참조).

## (3) ‘동해의 바닷가’라는 일반적인 의미

단군임검 부도는 중국 양자강에서 발해만을 빙 돌아서 한반도 남단에 이르기까지 바닷가 요소요소에 8곳의 해시海市를 열어 서로 빈번하게 교류하였다. 동해 바닷가 어디라도 마음만 먹으면 갈 수 있는 환경이었다. 따라서 한반도 경주 지역도 가능성이 있다.

7. **사례벌斯禮筏** 사례벌은 긴 깃발로 광야에 유배된 사람이 아침에 걸고 저녁에 내려서 멀리서 지키는 사람이 도망가지 않았음을 알도록 하는 것이었다. 신라 수도를 사례벌 혹은 서라벌이라고 부른 이유를 알 수 있는 귀중한 증언이다. 환웅씨 무여율법 제3조에 “완고하고 사악한 사람은 광야로 귀양 보내라.”

고 하였다(부도지 제11장). 초기 신라 위치는 산이 없는 거친 광야로 죄인들의 귀양지였다. 또 위 '동해지빈東海之濱'을 참조하면 초기 신라 위치는 '동해의 물가'이자 산이 없는 '광야'였다. 이러한 조건에 가장 부합하는 곳은 현 중국 산동성 빈주시濱州市 일대이다.

8. **삼한**  마한·진한·변한이다. 부도(아사달) 민중이 기자를 피하여 동해지빈으로 이동한 후 인접한 여러 족속과 삼한을 건설하였다. 삼한의 기원이 기원전 일천 년 이전으로 거슬러 올라감을 알 수 있다.

9. **고구려는 곧 북보北堡의 땅을 회복**  부도 민중이 신라·고구려·백제를 세우고, 고구려는 곧바로 북보北堡 땅을 회복하였다는 놀라운 소식이다. 부도의 북보는 하북성 장가구시 일대이다(『부도지』제13장 참조). 고구려가 세워지고 곧바로 북보 땅을 회복하고 그 지역을 완전히 지켰다는 『부도지』증언을 통하여 고구려가 현 중국 하북성 일대에서 일어났으며, 북보 관할 지역인 대륙 북쪽 지역을 모두 회복하였음을 알 수 있다. 지금까지 우리는 고구려가 요령성 집안이나 길림성 장춘부근 등 만주에서 일어난 것으로 배워 왔다. 『부도지』에서 말하는 지역과는 동쪽으로 수천 리나 떨어진 곳이다. 『부도지』의 이 증언은 우리 삼국시대 역사를 완전히 새롭게 써야 하는 폭발력이 있는 충격적인 내용이다.
　본문 내용에 따라 삼국의 초기 중심지를 살펴보면 고구려는 부도(아사달) 북쪽 보단保壇이 위치한 현 중국 하북성 장가구시와 북경 일대이다. 신라는 부도 민중이 기자를 피하여 이동한 동해의 '빈濱' 지역으로 현 중국 산동성 빈주시濱州市 일대이다. 백제는 고구려 남쪽이며, 신라 서쪽으로 대방帶邦 지역이다. 곽박이 『산해경』 주석에서 '열수列水가 대방에 있다' 하였고, 열수는 호타하이므로 대방은 호타하를 중심으로 하는 지역으로 현 중국 하북성 석가장시 일대이다(필자의 저서 『고조선으로 가는 길』 20~23쪽 참조).

　우리 고대사는 의문투성이다. 『삼국사기』에 나오는 지명 가운데 한반도나 만주일대에서 찾을 수 없는 지명이 너무나 많다. 우리 고대사를 한반도나 만주일대에 가두어 두려는 일제 식민사관 영향으로 올바른 역사 해석이 이루어지지 않고 있다. 항상 열린 시각으로 우리 고대사를 바라보아야만 역사의 진실을 알 수 있다.

## 제28장. 혁거세의 추대

이 전에 육부촌장[1]들이 약초 캐는 날 모였을 때
선도산 단묘壇廟[2]를 지키는 성모聖母[3]가 알을 낳았다는 소문을
듣고 가 보니 동쪽 우물에 장막이 쳐 있었다.

알을 벗겨 남아를 얻으니 몸에서 광채가 나고 귀가 부채처럼
컸다. 이에 성을 박으로 삼고 이름을 혁거세[4]라 하였다.
박은 단壇의 말소리가 박달朴達이므로 성으로 삼았으며
혁赫은 빛이니 광명으로 먹구름 가득한 세상을
구하려는 뜻이었다.

여섯 마을 사람들이 함께 기르고 가르치니 점점 자라면서
신령한 기운이 밝게 빛나고 대인大人의 도량이 있었다.
열세 살에 모든 사람이 추대하여 거서간居西干[5]이 되었다.

거居는 거据며, 간干은 방防이며 장長이니,
즉 서방에 할거하여 방어하는 우두머리라는 뜻이다.
서방은 저들, 즉 서쪽에서 침범하여 거짓 도를 행하는 자들이다.

---

先時 六部村長 會於採藥之日 聞仙桃山壇廟之聖母生卵 諸人往見
設幕於東井 剝部而得男兒 身生光彩 耳大如扇 乃以朴爲性 名曰赫
居世 朴者 壇之語音曰 朴達故 取之爲姓 赫者光也卽 以光明匡居
暗雲世之意也 六村之人 共扶養育 漸長 神氣秀明 有大人之度 十
三世 諸人 推擧爲居西干 居者据也 干者防也 長也 卽詰据西方而
防禦之長之意 西方者 卽彼西侵而行詐道者也

1. **육부촌장** 부도에서는 각 족속이 항상 육부를 만들고, 여섯 부락 촌장들이 모든 일을 만장일치로 처리하는 화백제도로 운영되었다. 『삼국사기』「신라본기」는 "조선 유민들이 산골에 흩어져서 살면서 여섯 마을을 이루고 있었다. 첫째는 알천 양산촌, 둘째는 돌산 고허촌, 셋째는 취산 진지촌(혹은 간진촌이라 한다), 넷째는 무산 대수촌, 다섯째는 금산 가리촌, 여섯째는 명활산 고야촌이라고 하였다. 이것이 진한 6부가 되었다."고 하였다.

2. **단묘壇廟** 본문에서 "단壇의 말소리가 박달朴達"이라 했으므로 '단壇'은 '단檀'과 같은 뜻이다. 즉 단묘壇廟는 단군 사당 또는 신전이다. 선도산 성모는 단군신전을 지키는 제사장이었으며, 신라 시조 박혁거세가 성을 단壇의 말소리인 박으로 삼은 것은 단군의 후계자임을 드러낸 것이다. 박혁거세는 단군의 부도를 재건하기 위하여 천부소도天符小都를 세우고 제시의 법을 다시 일으켰다(『부도지』제29장 참조).

3. **성모聖母** 신라 시조 박혁거세 어머니이다. 선도산 성모는 『삼국사기』·『삼국유사』 등에서 중국황실 여자로 전하고 있으며, 『환단고기』는 부여황실 여자로 적고 있다. 『환단고기』「태백일사」'고구려국본기'의 기록은 다음과 같다.

"사로의 처음 임금은 선도산 성모의 아들이다. 옛날 부여 제실의 딸 파소婆蘇가 남편 없이 애를 배어 남의 의심을 받게 되자, 눈수嫩水에서 동옥저에 이른 후 배를 타고 남쪽으로 내려가 진한의 내을촌에 이르렀다. 이때 소벌도리란 자가 이 말을 듣고 아기를 데려다가 집에서 길렀다. 나이 13살이 되자 뛰어나게 영리하고 숙성한 데다가 성덕이 있었다. 이렇게 되어 진한 6부가 함께 높여 거세간居世干이 되고 서라벌에 도읍을 세웠다. 나라 이름을 진한辰韓이라 하고 사로斯盧라고도 하였다."(고동영 저『환단고기』242쪽)

또『영해박씨세감寧海朴氏世監』서문은 성모 파사소波斯蘇가 단군 후예임을 다음과 같이 기록하고 있다.

"망망한 대우주에 얼이 있으니 하늘이요 환인桓因이시다. 아드님을 교화주敎化主로 지상에 보내시니, 이분이 바로 홍익인간하야 평화와 자주와 자유로서 인간을 이롭게 봉사하는 이화세계理化世界의 가르침을 베푸신 한민족의 성조 단군이시니,『신라시왕박씨선원세보新羅始王朴氏璿源世譜』와 여러 문헌을 보면 단군의 후예 성모 파사소波斯蘇가 동방 나정에서 단체소생單體所生한 거서간이 하늘의 신탁을 받고 신라에 시조왕이 되니, 박혁거세왕이요 때는 단기2277년(BC 57)이라. 왕명王名의 뜻이 광명이화세계光明理化世界니, 박朴이라함은 단군이 밝히시어 밝은 배달의 동방어東方語라, 단군의 가르침을 받들어 배달의 평화민족이 고조선에 이어서 전통적 신라건국을 뜻함이라, 신칙神勅의 증표로서 금척金尺과 옥적玉笛을 받으니, 세상을 바르게 하라는 계시를 받도다. 금척은 바르고 정확하고 불변하며 영원함이요, 우주만상의 본체를 물체에 준하여 증시證示함이니, 사진수四進數를 반복하야 팔진八進하니, 우주의 현상이라, 옥적과 더불어 음광音光을 뜻하야 음파는 퍼져서 공간을 이루니 우주공간이요, 빛은 선이니 뻗치어 시간을 뜻함이라, 매월당 김시습 선생이『금척지』주석에 이르되, 금척은 단군의 천부경天符經의 법이라 하였고, 고려 명신 김부식 선생은 『성모파사소기』에 논급하되, 단군후예 파사소가 술거동해안術居東海岸하되 때마침 중국 땅 은나라가 주나라에 망하여 패잔병이 서에서 동으로 밀어닥쳐 소요를 일으키니, 단군후예는 동천하여 서라벌에서 나라의 전통을 이어서 세웠다 하다."

4. **혁거세** 신라 시조(BC 57~AD 4 재위)이며 박씨의 시조이다. 『부도지』는 박혁거세의 의미가 "박朴은 단壇의 말소리가 박달朴達이므로 성으로 삼았으며, 혁赫은 빛이니 광명으로써 먹구름 가득한 세상을 구하려는 뜻이었다."고 밝히고 있다. 박이라는 성은 단군을 계승한다는 뜻이다. 반면 『삼국사기』·『삼국유사』는 "박[瓠]과 같이 생긴 알에서 나왔다고 하여 박이라는 성을 붙였다."고 기록하여 박씨 성이 유래한 깊은 의미를 알지 못하였다.

5. **거서간居西干** 지금까지 '거서간'이란 칭호에 대하여도 수많은 학설이 제기되었다. 그러나 부도 역사를 알지 못하여 그 참뜻을 알 수 없었다. 『부도지』는 '거서간'이 "서방에 할거하여 방어하는 우두머리"라는 뜻이며, 서방은 서쪽에서 침범하여 거짓 도를 행하는 자들을 뜻한다고 밝히고 있다.

# 제29장. 소부도小符都 건설

혁거세씨가 성품이 신령스럽고 성인의 지혜가 있었다.
또 어진 아내 알영閼英[1]을 맞이하니 이때에 세상 사람들이
두 명의 성인이라 일컬었다. 능히 모든 부족을 거느리고
선세先世의 도를 행하며 제시祭市의 법을 다시 일으켰다.

천부소도天符小都[2]를 남태백南太白[3]에 건설하니
천부단을 중대에 쌓고 보단을 동서남북 사대에 설치하였다.

계불 의식을 행하며 대인大人으로 하여금 금척金尺[4] 이치에
준하여 하늘과 땅이 시작된 근본이치를 밝히고 옥관玉管 음을
조절[5]하여 율려가 화생하는 법을 닦도록 하였다.

매년 10월 백의제白衣祭[6]를 지내니 이는 황궁씨가 흰 띠풀로
몸을 묶은 데서 비롯되었다. 그리고 달구[7]벌에 조시를 설치하고
율포[8]에 해시를 열어 육지와 바다의 교역제도를 세웠다.

---

赫居世氏 性神智聖 又迎賢妃閼英 時人謂之二聖 能率諸部之族 行
先世之道 復興祭市之法 建天符小都於南太白 築天符壇於中臺 設
堡壇於東西南北之四臺 行禊祓之儀 使大人 準金尺之理 證天地始
原之本 調玉管之音 修律呂化生之法 每歲十月 行白衣祭 此因黃穹
氏束身白茅之儀也 設朝市於達丘 開海市於栗浦 立陸海交易之制

항상 순행하면서 농사와 누에치기 및 베짜기를 권장하므로
들에 곡식 낟가리가 가득하고, 집에는 옷감이 저장되어 있었다.
이와 같이 안으로는 선한 일을 크게 일으켜 모든 사람과 더불어
괴로움과 기쁨을 함께하였다.

또 밖으로는 방패와 창을 사용하지 않고 모든 이웃과
평화를 유지하였다. 옛날로 되돌아가려는 한마음으로
중건重建에 힘쓰니 경내境內에 도가 있어 옛 세상과 흡사하였다.

그리고 변진의 모든 족속[9]이 하나가 되어 협력하니
비록 경계를 두고 방비를 하였지만 나라를 칭하지도 않고
왕을 칭하지도 않았다[10].

경내境內 일을 다스림에 있어서는 선세의 법을 받들어 지키고
어기지 않았으며 제시 모임에서 함께 의논한 것이 아니면
아무 일도 하지 않았다. 그러므로 우두머리 자리를 잇는 법도
혈통을 따질 필요가 없었으며 오직 어진 사람을 뽑아 세웠다.

---

常時巡行 勸獎農桑紡績 野有露積 家有貯布 如是內大興善事 與諸
人同其苦樂 外不行干戈 與諸隣保其平和 一意復古而專務重建 境
內有道 恰如昔世 於是 弁辰諸族 合同協力 雖限境設防 不稱國又
不稱王 境內治事 一遵先世之法 非祭會之通議 未嘗行一事故 領首
繼位之法 亦不必限於血系 擇賢者而立之

1. **알영閼英** 박혁거세 왕비이다. 『삼국사기』·『삼국유사』 등에 "용이 알영이라는 우물에 나타나서 오른쪽 옆구리로 여자아이를 낳았는데, 우물 이름을 따서 알영이라 했다."고 한다.

10여 년 전 KBS TV 역사스페셜(2009/7/18)에서 신라 왕족이 흉노족의 후예라고 방영하여 많은 논란을 일으켰다. 역사스페셜은 '문무왕비문'과 '대당고김씨부인묘명' 등을 통하여 투후秺侯 김일제가 신라왕족 뿌리임을 밝혔다. 김일제는 흉노 왕자로 중국 한무제(BC 156~87) 때 포로로 잡혀가서 한나라 조정에서 황제 다음가는 투후 자리까지 오른 인물이다. 김일제 일족은 대대로 중국 한나라 조정 실세로 지내다가 한나라 말기에 왕망과 더불어 한나라를 멸망시키고 신新나라(AD 8~ 23)를 세우는 주역이 되었다. 이후 신나라가 망하자 일부는 한반도로 이동하고 일부는 강서성, 절강성 등지로 이동하여 정착한 후 신라 건설의 주역이 된 것으로 추정된다. 흉노족은 임금을 선우(單于, 천자라는 뜻)라 하고 황후를 알지(閼氏, 연지로 발음)라 하였다. 혁거세의 왕비 이름이 알영閼英인 것도 흉노족의 이러한 풍속과 관련이 있다. 『삼국유사』'혁거세왕 편'에 혁거세가 알에서 태어나 처음 입을 열 때에 스스로 말하기를 "알지 거서간이 한번 일어났다(閼智居西干 一起)."고 한 것도 같은 맥락으로 이해할 수 있다. 신라는 부도건설 초기부터 흉노족과 깊은 관련이 있었다.

2. **천부소도天符小都** 천부소도는 단군임검 부도를 계승하였으나, 부도에 비하여 관할 지역이 대폭 축소되었으므로 천부소도라 하였다. 단군임검 부도는 중국 하남성과 섬서성 일부를 제외한 대륙 전체를 관할 지역으로 하였으나, 천부소도는 중국 동해안과 한반도 등으로 관할 지역이 대폭 축소되었다.

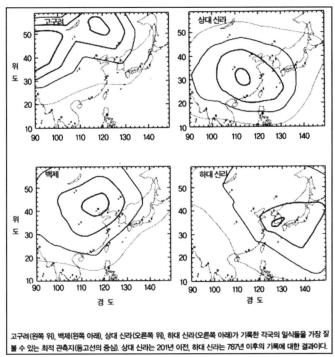

고구려(왼쪽 위), 백제(왼쪽 아래), 상대 신라(오른쪽 위), 하대 신라(오른쪽 아래)가 기록한 각국의 일식들을 가장 잘 볼 수 있는 최적 관측지(동고선의 중심). 상대 신라는 201년 이전, 하대 신라는 787년 이후의 기록에 대한 결과이다.

삼국 일식기록 최적 관측지
(박창범 교수 저『하늘에 새긴 우리 역사』)

3. **남태백南太白**   천부소도를 건설한 곳이다. 남태백은 신라 초기수도가 건설된 곳으로 신라 역사를 파악하는 데 매우 중요하다. 태백산은 중국대륙과 한반도 여러 곳에 있는데 모두 우리 민족 이동과 밀접한 관련이 있다.『부도지』에서 말하는 남태백은 일반적으로 강원도 태백산으로 알려지고 있으며, 이는 신라가 한반도 경주를 중심으로 건국하였다는 역사인식에 바탕을 두고 있다.

그러나 재야사학자들을 중심으로 초기 신라가 중국대륙에 있었다는 대륙신라설이 꾸준히 제기되고 있다. 특히 천체물리학자

박창범 교수는『하늘에 새긴 우리 역사』라는 저서에서, 『삼국사기』와『삼국유사』에 나타나는 일식 등 천문현상을 과학적으로 검증한 결과 최적 관측지점이 상대 신라(AD 201년 이전)는 양자강 중류지방이고, 하대 신라(AD 787년 이후)는 한반도 경주라는 놀라운 결과를 발표하였다(앞 그림 참조). 이는 초기 신라 건국지가 한반도 경주가 아닐 수도 있다는 것을 의미한다.

『부도지』가 전하는 남태백은 산서성과 하북성 경계에 있는 부도의 태백산(현 중국 하북성 보정시 백석산) 남쪽에 있는 태백산으로 해석하는 것이 적절하다. 부도 남쪽에 위치하고, 부도 민중이 기자를 피하여 부도를 떠난 후 정착한 동해지빈東海之濱과 가까운 곳의 태백산으로는 산동성 장백산이 있다. 산동성 장백산은「서한주군도」(西漢州郡圖, 다음 블로그 향고도/중국고지도/청국지지) 등에 표시되어 있으며 장백산 주봉이 태산泰山이다. 기타 남태백 후보로는 절강성 회계산(會稽山, 일명 태백산으로 불림)과 강서성 동정호와 파양호 사이 마고산麻姑山도 있다. 특히 마고산은 부도 태백산 정남방에 위치하고 상고시대로부터 황궁씨 후예인 묘족의 주요 근거지였으며, 상대 신라(AD 201년 이전) 일식 최적 관측지로 나타나는 점에서 산동성 태산과 더불어 남태백의 유력 후보지이다.

신라가 건국(BC 57)될 당시 남태백 소재지로 추정되는 산동성 일대 형세를 살펴보자. 당시 산동성은 흉노족 왕자 출신이며, 신라 김씨 왕조의 시조로 추정되는 투후 김일제 후손들이 산동성 하택시 성무현 옥화묘촌에 있는 투국성을 중심으로 산동성 일대를 다스리고 있었다. 지금도 그곳 주민들은 투국성을 김성金成, 즉 금성이라 부른다. 김일제의 성을 딴 투후국 '금성'과 신라 수도 '금성'의 이름이 일치하는 것도 예사롭지 않다(2008/11/22,

2008/11/29, 2009/7/18일자 KBS TV 역사스페셜).

산동성 부근에서 천 년의 세월 동안 부도 재건을 갈망해 오던 부도 민중과, 흉노족 왕자이면서 제사장 후예로서, 한나라에서 황제 다음가는 투후 자리를 세습한 김일제 일가의 만남은 신라 부도가 다시 설 수 있는 여건이 마련되었다. 흉노족 왕자 김일제가 제사장 후예였다는 사실은 김일제가 단군의 후예였음을 강하게 시사한다. 그리고 한 명의 선우(單于, 천자라는 뜻임) 아래 일치단결하여 대륙을 호령하던 흉노족이 기원전 57년 분열하여 다섯 명 선우가 난립하는 큰 혼란을 겪게 된다. 김일제 후손들이 흉노족 제사장 후예로서 정통성을 주장하고 선우 또는 단군으로 나설 수 있는 가능성이 충분한 상황이었다. 바로 이 해(BC 57)에 박혁거세가 부도를 재건하였다. 김일제 후손들의 투후국과 박혁거세 부도가 상호 밀접한 관련이 있었음을 짐작할 수 있다.

전한 말기에 이르러 투후 김일제 후손들은 한나라 외척인 왕망과 더불어 한나라를 무너뜨리고 신新나라(AD 8~23)를 건국하는 주역이 된다. 신나라 황제가 된 왕망은 김일제 증손자 투후 김당金當의 이모부였다. 일설에 의하면 왕망이 원래는 김망金莽이라고 한다. 역사학자 문정창 선생은 "왕망이 한나라 공신인 김일제의 가문에 태어났는데 그가 태어나기 3년 전, 아버지의 이복동생인 왕씨王氏가 한나라의 왕비가 되었다. 그리하여 그는 성씨를 김씨에서 왕씨로 개명하여 한나라의 권력 심장부에 들어갈 수 있었다."고 주장하였다.

이처럼 왕망이 세운 신新나라와 박혁거세의 신라新羅는 둘 다 흉노족 투후 김일제 후손들이 주도세력이라는 점과 나라 이름도 비슷하다. 그리고 왕망은 신나라 황제로 등극한 후 토지 국유화와 노예매매 폐지 등 급진개혁 정치를 펼치다가 잦은 자연재해와 기득권 벽을 넘지 못하고, AD 23년 10월 반란군과 싸우다가 최후를 맞이하였다. 『삼국사기』에 의하면 신라 2대 남해차차웅도 같은 해 9월에 서거하였다. 왕망과 남해차차웅이 같은 전쟁에 참여하였다가 죽음을 당하였을 가능성도 생각해 볼 수 있는 대목이다. 왕망의 신나라가 멸망하면서 신나라 건국 주역이었던 투후 김일제 후손들도 세력이 크게 약화되었다. 이때부터 중국역사에서 투후라는 직책도 사라진다. 그리고 후한 세력과 남하하는 고구려와 백제 세력에 의하여 일부는 발해를 건너 한반도로 이동하고 일부는 남하하여 묘족의 본향 양자강 일대로 밀려났을 가능성이 크다. 이렇게 보면 박창범 교수의 『하늘에 새긴 우리 역사』에서 상대 신라(AD 201년 이전) 일식기록의 최적 관측지가 양자강 중류지방으로 나오는 이유를 이해할 수 있다.

**4. 금척金尺** 금으로 만든 자이다. 조선시대 대학자 김시습선생은 『징심록추기』에서 금척을 다음과 같이 평하였다.

"대저 그 근본은 천부의 법이요. 그것을 금으로 만든 것은 변하지 않게 함이요. 자로 만든 것은 오류를 없게 하기 위함이다. 변하지 않고 오류가 없으면 천지의 이치가 다하는 것이다. 일월성신과 금토기수金土氣水의 근본이 한 가지로 불변의 도에 있다. 나는 새와 헤엄치는 물고기와 동물과 식물이 태어나고 죽고 성하고 쇠하는 이치가 다 오류가 없는 법에 매달려 있음은 바로 이것을 두고 말함이다. 그러므로 금척의 유래는 그 근원이 매우 멀고 그 이치가 매우 깊어, 그 형상은 삼태성三台星이 늘어 선 것 같으며 머리에는 불구슬을 물고 네 마디로 된 다섯 치寸이다. 그 허실의 수가 9가 되어 10을 이루니, 이는 천부의 수다. 그러므로 능히 천지조화의 근본을 재고, 능히 이세소장理世消長의 근본을 알고, 인간 만사에까지 재지 못하는 것이 없으며, 숨구멍, 마음, 목숨을 재면 기사회생한다고 하니, 진실로 신비한 물건이라고 할 것이다."

5. **옥관玉管의 음을 조절**　옥관은 옥피리이다. 현재 국립경주박물관은 신라시대 옥피리 두 점을 소장하고 있다. 조선시대 문인들은 이 옥피리를 신라의 보물 '만파식적'으로 여겼다. 조선 연산군 때 편찬된 『동국여지승람』에는 동해의 용이 신라왕에게 이 옥피리를 바친 것으로 적혀 있다(경주박물관 자료).

　'옥관의 음을 조절한다'는 뜻은 음의 가장 기본이 되는 황종음黃鐘音을 내는 황종관黃鐘管을 정하는 일이다. 황종음이 정해지면 삼분손익법三分損益法에 의하여 12율려(황종, 대려, 태주, 협종, 고선, 중려, 유빈, 임종, 이칙, 남려, 무역, 응종)의 나머지 음들은 자동적으로 정해진다. 또 황종음을 내는 황종관 길이는 자(尺)의 기준이 되고, 황종관에 들어가는 물의 양은 무게의 기준이 되고, 또 황종관은 1,200톨의 기장이 들어가며 부피를 재는 말과 되의 기준이 되었다. 그러므로 황종음을 정하는 일은 음악뿐만 아니라 모든 도량형의 기준을 정하는 것이므로, 고대에서 황종음을 정하는 것은 오직 천자만이 할 수 있는 일이었다.

6. **백의제白衣祭**　매년 10월 흰 옷을 입고 하늘에 제사를 지내고 복본을 맹세하는 의식이다. 이는 황궁씨가 흰 띠풀로 몸을 묶은 데서 비롯되었다. 『부도지』 제8장에 의하면 '오미의 화'로 인간이 천성을 잃어버리고 마고성 낙원이 혼란에 빠져들자, 황궁씨가 모든 사람의 어른이므로 마침내 흰 띠풀로 몸을

묶어 마고 앞으로 나아가 죄를 빌며, 스스로 오미의 책임을 지고 복본 할 것을 맹세하였다.

하늘사람으로 되돌아가려는 복본의 굳은 맹세를 지키기 위하여 단군 후예들은 매년 10월 조시를 열고 조선제를 지냈다(『부도지』 제15장 참조). 이러한 전통이 수천 년을 지나 신라에서 백의제로 이어지고 오늘날 개천절로 이어지고 있다. 개천절은 하늘이 열린 날이며, 인류가 하늘사람으로 거듭나고자 하는 뜻깊은 날이다.

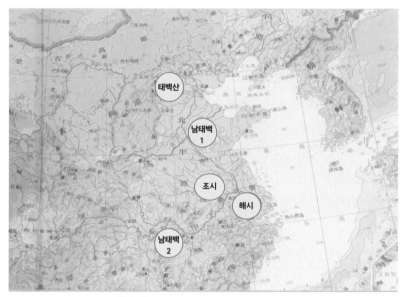

남태백, 조시(달구), 해시(율포)의 위치

7. **달구達丘**   조시朝市가 열린 곳이다. 조시는 육상교통 요지에 세웠다. 남태백을 강원도 태백산으로 볼 경우 달구는 팔공산 자락의 대구이다. 그러나 남태백을 산동성 태산 또는 강서성 마고산으로 볼 경우 달구는 안휘성 팔공산 자락의 방부시蜂埠市 부근이다. 이곳은 예로부터 회이족 거주지이며 육상교통의 요지였다.

8. **율포**  해시海市를 연 곳이다. 해시는 해상교통 요지에 세
웠다. 남태백을 강원도 태백산으로 볼 경우 해시는 울산시 율포
항이다. 남태백을 산동성 태산 또는 강서성 마고산으로 볼 경우
율포는 강소성 태호太湖 부근이다. 태호 부근은 단군임검 부도에
서 설치한 8개의 해시 중 하나로 추정되며, 또 부근에 율양溧陽
이라는 지명이 있고 율수溧水가 흘러 태호로 들어간다.

9. **변진의 모든 족속**  변한과 진한의 여러 부족이다. 산동성
을 중심으로 한 중국대륙 동해안은 단군임검 시대에 변한 지역이
었다. 기자가 부도에 망명 온 후 부도의 진한 민중이 기자를 피
하여 변한 지역으로 이주함으로써 변한과 진한 민중이 섞여서 살
게 되었다. 그리하여 변한과 진한의 모든 족속이 하나가 되어 협
력하였다.

10. **나라를 칭하지도 않고 왕을 칭하지도 않았다**  부도의 통
치이념은 사해평등과 민족자치이다. 그러므로 나라를 만들 필요
도 없고, 왕이 있을 필요도 없다. 나라를 만들고 왕을 세우게 되
면 결국 패권주의가 생겨나고 전쟁이 일어나게 된다. 아울러 지
배자와 피지배자가 생겨서 사해평등 이념이 무너지고 인류는
마고성 낙원으로부터 점점 멀어지게 된다. 우리는 국가 성립을
역사 발전단계로 배우고 있다. 그러나 국가 성립은 역사 발전이
아니라 역사 퇴보였다. 신라가 나라를 칭하지도 않고 왕을 칭하
지도 않았으므로 신라 역사를 파악하기가 쉽지 않다. 이런 까닭
에 겨우 하남성과 섬서성 일부를 차지하여 나라를 만들고 왕을
칭하면서 전쟁을 일삼던 중화족이 마치 대륙 전체를 다스린 양
역사를 왜곡할 수 있었다.

## 제30장. 마랑馬郎의 원행

20세의 아름답고 말 잘하는 남아를 뽑아 마랑馬郎[1] 직책을 주어 먼 여행을 하도록 하였다. 혹은 성생과 월식의 옛 땅으로 나가고 혹은 운해와 천산 여러 지역으로 갔다.

이 원행은 부도에서 믿음을 닦던 제도였다.
동쪽 바다로 피하여 살아온 지 일천여 년[2] 동안
제시 모임[3]을 열지 못하여 오랫동안 서로 왕래가 끊어졌다.

또 나라를 봉해 싸우고 빼앗는 풍조가 사해에 널리 퍼지고 모든 족속이 스스로 나라를 칭하고 오랜 세월 동안 전란을 반복하여 족속이 종횡으로 나누어지고 말은 이상야릇하고 잡다해졌다.

---

男兒年二十質美而善辨者 擇授馬郎職 奉命遠行 或出於星生月息之
古地 或往於雲海天山之諸域 此行符都修信之遺制也 自避居東海千
有餘年之間 未得開祭市之會 彼此來往久爲杜絶 又封國爭奪之風
蔓延四海 諸族 各自稱國 悠久歲月 反覆戰亂 族分縱橫 語訛雜多

천부는 거의 잊혀져서 혹시 아는 사람이 있어도
모두 음이 다르게 변형되어 마랑의 원행이 참으로 어려우니
절개를 지켜 죽는 사람이 많았다.

그러나 마랑들이 만 리 먼 길에도 절개를 지켜
능히 굳은 뜻을 지니며 수많은 어려움을 이기고 사명을 완수하니
그 기풍과 도량이 진실로 호탕하고 뛰어났다.

훌륭하게 되돌아오면 반드시 직사職事에 임명하여
천문과 지리, 역수와 박물博物을 정리하게 하였다.

이것이 바로 옛날에 사해를 두루 화합하고
인간세상을 하나로 묶는 유업이었다.

---

至於天符 殆乎忘却 或有知之者 皆變形音異 馬郎之行 甚爲艱難
殉節者多 然 馬郎者 萬里持節 能勵勁志 克除百難 遂行使命 其風
度 眞豪邁也 壯而歸還則 必任職事 修天文地理 曆數博物 此則先
世 通和四海 一準人世之遺業也

1. **마랑馬郎** 화랑제도의 모태로 부도 수행법과 지도자를 양성하는 제도를 엿볼 수 있는 중요한 기록이다. 20세의 아름답고 말 잘하는 남아를 뽑아 마랑 직책을 주어 먼 여행을 하도록 하였다. 사해를 두루 돌아다니면서 부도 진리를 전하고 생생한 삶의 현장을 체험함으로써 살아 있는 공부를 하도록 하였다. 그리하여 온갖 역경을 이겨 내고 되돌아오면 직사職事에 임명하여 천문과 지리, 역수, 박물을 정리하게 함으로써 사해를 두루 화합하고, 인간세상을 하나로 묶는 역할을 하였다.

마랑이 여행한 성생·월식·운해·천산 지역은 인도와 동남아시아, 중·근동 및 서유럽, 중국대륙 전역과 몽고 시베리아 등에 이르는 머나먼 길이었다. 거친 자연환경과 말과 풍속이 다른 지역을 여행하는 것은 목숨을 걸어야 하는 일이다. 그런 수많은 어려움을 극복하고 견문을 넓히는 과정에서 참다운 지도자의 자질이 키워지고, 그러한 지도자들이 있었기에 부도와 신라가 천 년이라는 긴 세월을 이어 갈 수 있었다.

오늘날 국가 인재들을 보면 도서관서 공부만 하다가 각종고시에 합격하면 바로 요직에 등용된다. 이들에게 올바른 국가관과 참다운 지도자상을 기대하기 어렵고, 돈과 뇌물과 향락에 쉽게 물들 수밖에 없다. 신라 마랑제도는 국가 백년대계를 위한 새로운 인재양성 시스템을 생각하게 한다.

2. **일천여 년** 기자가 부도로 망명 오자 진한 민중이 동해로 피하여 산 기간이다. 기자가 부도로 망명 온 해는 기원전 1122년경(『부도지』 제27장 참조)이고, 박혁거세가 천부소도를 건설한 해는 기원전 57년이므로 부도 민중이 동해로 피하여 산 기간은 대략 1,066년이다.

3. **제시의 모임**  단군임검이 세계 각 족속을 교화하기 위하여 만든 모임으로 신시·조시·해시이다(『부도지』 제17장 참조).

# 제31장. 왕국건설 논의

사례벌에 도읍한 지 어느덧 삼세三世를 지나 백여 년이 흐르니[1]
세상 흐름이 크게 변하여 보수保守가 참으로 어려웠다.
그리하여 왕국을 세우고 권한을 행사하자는 논의[2]가 일어나
옳으니 그르니 시끄러웠다. 그르다는 사람들은 말하였다.

"옛 세상의 전해 온 법이 천부에 밝고도 밝으니
지금 비록 어렵지만 보수를 굳게 지켜 때를 기다리는 것이 옳다.
어찌 사단詐端[3]에 굽히고 따르면서 스스로 적은 자가 되어[4]
이치를 거스르는 가운데 모욕을 당하리오. 차라리 의롭게 죽어
참도를 밝게 드러내 후세에 남기는 것만 못하다."

옳다는 사람들은 말하였다.

"외세가 아주 급하여 파동이 극심하니
어찌 견고히 지킬 수 있으리오.

---

斯禮筏創都之後 於焉經三世 百有餘年 世潮大變 保守艱難 於是
王國行權之論擡頭 可否紛紜 其否者曰先世遺法 昭昭於天符 今
雖有時艱 保守堅防以待其時可也 何忍屈從於詐端 自爲小者而瀆
於悖理之中乎 寧有如是 不苦殉義自滅 顯彰眞道而遺於後世也
其可者曰外勢緊迫 波動激甚 如何以堅防乎 墻內離反 騷然不能
止 如何以保守乎

담장 안이 이반하여 소란을 그칠 수 없으니
어떻게 보수保守하리오? 일이 이미 이렇게 되었으니
경쟁의 장에 나란히 서서 부강하게 된 후에
유업遺業을 회복하는 것이 옳다.”

“지금 사해의 모든 족속이 거짓 도에 미쳐 날뛰니
눈먼 소경이 된 지 오래이다. 우리가 지금 자멸하면
누가 참도를 밝게 드러낼 것이며 후세에 누가 이를 알 것인가?
만일 능히 보수保守를 굳게 지키므로 오랫동안 고립된다면
천 마리 까마귀 중 한 마리 백로와 같아서 도리어 이도異道가
되므로 세상에 서지 못할 것이니 장차 또 어찌하리오.”

“이는 모두 옳지 못하니 오직 선택할 바는 나라를 세우고
왕을 받들어 대권을 행사하고, 군마를 호령하며 파죽지세로
전진하여 부도 전 지역[5]을 회복하고, 부도를 다시 세워
그 근본을 분명히 보이면 모든 족속이 비록 어리석으나
반드시 깨닫고 근본으로 돌아올 것이다.”

---

事已至此則 不如竝立於追逐之場 圖得富强以後 恢復遺業未有不可
也 今四海諸族 狂奔於詐道 化作瞽盲久矣 我今自滅 眞道 有誰而
顯彰 後世 有誰而知此乎 若能堅防保守 久爲孤立則如烏千之一鷺
反爲異道而不得存立於世 將又何之乎 如是者皆不當也 唯有所擇者
立國尊王 執行大權 號令軍馬 破竹前進而 恢復符都之全域而已 符
都得建而明示基本則 諸族雖頑 必覺醒而返本矣

1. 삼세三世를 지나 백여 년이 흐르니 『삼국사기』·『삼국유사』에 따르면 삼세는 혁거세 거서간(BC 57~AD 3), 남해 차차웅(AD 4~23), 유리 이사금(AD 24~56)이다. 삼세 동안 다스린 기간이 BC 57년에서 AD 56년으로 백 년이다.

2. 왕국을 세우고 권한을 행사하자는 논의 부도의 통치이념은 사해평등과 민족자치로 세계가 한 가족이므로 나라를 만들고 왕을 세울 필요가 없다. 나라를 만들고 왕을 세움으로 인하여 지배자와 피지배자가 나타나고 서로 나라를 지키고 빼앗기 위하여 처절한 전쟁이 일어난다. 왕국을 세우고 권한을 행사하는 일은 부도의 통치이념을 거스르는 일이다.

그러나 위에서 살펴본 바와 같이 당시 시대상황이 너무나 긴박하여 부도의 존립 자체가 위협받는 상황이었다. 평화롭던 마야문명이나 아즈텍문명이 서구인의 무자비한 총칼에 무너진 것처럼 부도도 이러한 어려움에 봉착하였다. 그리하여 어렵더라도 끝까지 부도 진리를 지키자는 의견과, 나라를 세우고 왕을 받들어 대권을 행사하고 군마를 호령하여, 부도전 지역을 회복한 후에 부도 진리를 다시 펴자는 의견이 팽팽하게 맞서게 되었다.

3. 사단詐端 거짓 진리이다. 서구의 사탄Satan과 같은 뜻이다. 사단과 사탄Satan이 음과 뜻이 비슷한 것은 부도에서 10년마다 한 번씩 신시를 열고 세계 모든 족속의 말과 글을 통일했던 잔영이다.

4. **스스로 적은 자가 되어**  스스로 적은 자가 된다는 것은 제후국으로 전락하는 것이다.

5. **부도 전 지역**  부도가 다스렸던 지역으로 대륙 전체를 가리킨다.

## 제32장. 왕국건설 중론의 부침

이리하여 마침내 중론이 정해져 사람들의 바람이 왕국을
주장하는 석씨昔氏에게로 돌아갔다. 석씨는 동쪽 보堡에서 유배
된 사람의 후예로 옛날부터 해빈海濱에 살던 사람이었다.

키가 크고 지략이 있었으며 남해씨南解氏[1] 딸을 아내로 맞았다.
이에 무리의 바람으로 자리를 잇고 탈해왕脫解王[2]이라 칭하니
보수保守의 속박으로부터 벗어난다는 뜻이었다.

또 서라국徐羅國이라 칭하고 창과 방패를 처음 사용하여 경내를
평정하였으나 병사를 씀이 지나쳐 끝내는 배척을 당하였다.
중론이 다시 박씨의 보수保守에게로 돌아갔다. 이리하여 박씨가
다시 이으면서 왕국 칭호를 없애고 4세가 흘렀다[3].

중론이 다시 석씨에게 돌아갔으며
단 정벌하는 일은 원하지 않았다.

---

於是 衆論遂定 人望歸於 王國主張之昔氏 昔氏者東堡謫人之裔 自
昔世住居於海濱者也 壯大而有智略 南解氏以女妻之 至是依於衆望
而繼位 稱脫解王 卽解脫於保守桎梏之意也 又稱徐羅國 始用干戈
平定境內 用兵過度 畢竟受斥 衆論 復歸於朴氏之保守 於是 朴氏
復繼 廢王國之稱 經四世 衆論 再歸於昔氏 但不願征伐之事

석씨가 다시 이으면서 무리에게 정벌을 하지 않겠다고 약속하니
이가 바로 벌휴씨伐休氏[4]이다. 석씨4세 동안 또 정벌을 행하므로
중론이 김씨의 중화中和로 돌아갔다.

김씨는 원래 부도 동쪽에 이주해 살던 족속으로
따뜻하고 겸손하며 덕이 두터웠다. 지마씨祇摩氏 손녀를 아내로
맞았으며 이에 이르러 자리를 이으니 바로 미추씨味鄒氏[5]이다.

이때에 서쪽과 북쪽의 환란이 계속되고
하나도 조치된 바가 없었다.
중론이 다시 석씨에게 되돌아갔다.
이리하여 석씨가 또 다시 자리를 이었다.

3세 동안 정벌이 허다하여[6] 백성과 물자를 탕진하니
크게 시대의 배척을 받았다.
중론이 다시 김씨에게 돌아갔다.
이리하여 김씨가 다시 자리를 이어 오늘에 이르렀다[7].

---

於是 昔氏復繼 誓衆以不行征伐 是爲伐休氏也 昔氏四世之間 征伐
又作 衆論 歸於金氏之中和 金氏者 元來符都東遷之族而溫讓德厚
祇摩氏以孫女妻之 至是繼位 是爲味鄒氏也 當此之時 西北之患繼作
一無所措 衆論 復歸於昔氏 於是 昔氏又復繼位 三世之間 征事許多
蕩盡民物 大受時斥 衆論 再歸於金氏 於是 金氏復繼 至于今日也

1. **남해씨南解氏**　신라 제2대 남해 차차웅(AD 4~23)이다. 『삼국사기』에 따르면 남해 차차웅은 박혁거세 적자이다. 그는 체격이 장대하고 성품이 침착하였으며 지략이 많았다. 어머니는 알영閼英이며, 왕비는 운제雲帝부인이다. 아버지를 이어 왕위에 올랐다. 차차웅을 자충이라고도 한다. 김대문이 말하기를 "자충은 방언으로는 무당이라는 뜻이다. 무당이 귀신을 섬기고 제사를 주관하였으므로 사람들이 무당을 두려워하고 존경하다가, 마침내 존경받는 어른을 자충이라고 부르게 되었다."고 하였다.

2. **탈해왕脫解王**　신라 제4대 탈해 이사금(AD 57~79)이다. 『부도지』 본문에 따르면 석탈해昔脫解는 부도 동쪽 보단에서 죄를 짓고 해빈海濱에서 귀양살이 한 사람의 후손이었다. 해빈은 죄인 유배지였으며, 부도 민중이 기자를 피해 도망간 곳이다(『부도지』 제27장 참조). 또 이름을 탈해脫解라 한 것은 보수保守의 속박으로부터 벗어난다는 뜻이었다.
『삼국사기』에 따르면 석탈해는 왜국 동북쪽으로 1,000리 떨어진 다파나국의 왕과 왕비 사이에서 태어났다. 여왕이 임신한 지 7년 만에 큰 알을 낳으므로 비단으로 알과 보물을 함께 싸서 상자에 넣어 바다에 띄워 보냈다. 그 상자는 처음 금관국 해변에 닿았으나 금관 사람들이 괴이하게 여겨 거두지 않으니, 그 상자는 다시 진한 아진포 어구에 닿았다. 그 때 해변에 사는 할머니가 상자를 끌어올려 열어보니, 한 어린아이가 있어 데려와 길렀다.
이 아이가 어른이 되자 키가 9척에 기풍과 정신이 훌륭하고, 지식이 남보다 뛰어났다. 어떤 사람이 "이 아이는 성씨를 알 수 없으나 처음 상자가 도착했을 때, 까치 한 마리가 울면서 따라서 날아 왔으니, 까치 작鵲자를 줄여 '석昔'으로 성을 삼고, 또한 상자를 풀고 나왔으니, '벗을 탈脫'과 '풀 해解'로 이름을 짓는 것이 좋겠다."고 하였다. 탈해는 고기잡이를 하여 어머니를 봉양하였으며, 남해왕(AD 4~23)이 그가 어질다는 소문을 듣고 자기 딸을 시집보내고, 대보로 임명하여 정사를 맡겼다. 유리왕(AD 24~56)이 죽음을 눈앞에 두고 말하기를 "선왕은 '내가 죽은 후에 아들과 사위를 막론하고 나이가 많고 현명한 자로 하여금 왕위를 잇게 하라'고 유언하였다. 이리하여 내가 먼저 왕위에 올랐다. 이제는 마땅히 왕위를 탈해에게 전해야 할 것이다."하여 탈해가 왕위에 올랐다고 한다.

### 3. 박씨가 다시 이으면서 왕국 칭호를 없애고 4세가 흘렀다

석탈해가 나라 이름을 서라국이라 하고 왕위에 올라 제왕지도의 패권주의를 과도하게 추구함으로써 민중의 배척을 받자, 박씨가 다시 자리를 이어 사해평등의 민족자치로 복귀하여 왕국을 폐지하고 4세를 이었다. 『삼국사기』에 따르면 4세는 다음과 같으며 모두 박씨이다.

제5대 파사 이사금(80~112, 유리왕의 둘째 아들)
제6대 지마 이사금(112~134, 파사왕의 맏아들)
제7대 일성 이사금(134~154, 유리왕의 맏아들)
제8대 아달라 이사금(154~184, 일성왕의 맏아들)

### 4. 벌휴씨伐休氏

박씨 4세를 지나, 석씨가 다시 중론을 얻어 자리를 이었다. 그러나 민중이 정벌하는 일을 원하지 않았으므로, 정벌을 하지 않겠다는 약속을 하고 왕위에 올랐다. 그리하여 벌휴씨伐休氏라 이름하였고, 석씨가 4세를 이었다. 『삼국사기』에 의하면 석씨 4세는 다음과 같다.

제9대 벌휴 이사금(184~196, 탈해왕의 손자)
제10대 내해 이사금(196~230, 벌휴왕의 손자)
제11대 조분 이사금(230~247, 벌휴왕의 손자)
제12대 첨해 이사금(247~261, 조분왕의 아우)

5. **미추씨味鄒氏** 신라 제13대 미추味鄒 이사금(261~284)이다. 석씨 4세 동안 또 정벌을 행하므로 중론이 중화中和를 주장하는 김씨에게 돌아가서 미추씨가 자리를 이었다.

『삼국사기』는 "미추왕의 조상인 알지가 계림에서 태어나자 탈해왕이 데려와 궁중에서 길렀고, 뒤에 대보로 임명하였다. 알지가 세한을 낳고, 세한이 아도를 낳고, 아도가 수류를 낳고, 수류가 욱보를 낳고, 욱보가 구도를 낳았으니, 구도가 곧 미추의 아버지이다. 첨해가 아들이 없었으므로 백성이 미추를 왕으로 세웠다. 이것이 김씨가 나라를 다스리는 시초가 되었다."고 하였다.

『부도지』는 미추왕의 왕비가 지마씨 손녀라 하였는데 지마이사금(112~134, 파사왕의 맏아들)은 박씨이므로 왕비도 박씨이다. 반면 『삼국사기』는 미추왕의 왕비가 조분왕의 딸로 석씨 광명光明부인이라 하여 『부도지』와 다르다.

6. **3세 동안 정벌이 허다하여** 김씨 미추 이사금이 중화를 주창하며 자리를 이었으나, 이때 서쪽과 북쪽의 환란이 계속되고 하나도 해결되지 않았다. 중론이 다시 석씨에게 돌아가서 석

씨가 3세를 이었다. 『삼국사기』에 따르면 석씨 3세는 다음과
같다.

　제14대 유례 이사금(284~298, 조분왕의 아들)
　제15대 기림 이사금(298~310, 조분왕의 손자)
　제16대 흘해 이사금(310~356, 내해왕의 손자)

　**7. 김씨가 다시 자리를 이어 오늘에 이르렀다**　석씨 3세 동
안 또 정벌이 허다하여 백성과 물자를 탕진하여 크게 시대의
배척을 받았다. 중론이 김씨에게 돌아가므로 김씨가 다시 자리
를 이어 오늘에 이르렀다. 오늘이란 박제상(朴堤上, 363~419)
이 『부도지』를 저술하던 당시를 말하며, 신라 제19대 눌지 마
립간(417~458, 내물왕의 아들) 시대였다. 『삼국사기』에 따르
면 박제상 당시까지 김씨 계승은 다음과 같다.

　제17대 내물 이사금(356~402, 구도 갈문왕의 손자)
　제18대 실성 이사금(402~417, 대서지 이찬의 아들)
　제19대 눌지 마립간(417~458, 내물왕의 아들)

# 제33장. 부도 복건復建의 꿈

오직 근본을 지키는 우리 종족[1]이 동해로 피해 살면서
보수를 지켜온 지 삼백여 년 동안 중론의 번복[2]이 이와 같았으니
가히 경계 밖 풍운이 어떠하였는지 살필 수 있다.

또 가히 천부 진리가 사단邪端 세상에서도 없어지지 아니하고
의연함을 알 수 있다. 그러므로 세세 중론은 이 도가
결코 무너지지 않음에 근거하였으니 역대 우두머리들은
오직 중론에 부응하지 못할까 두려워하였다.

과격하지도 느슨하지도 않도록 능히 조절하면서
보수를 크게 전하니 마침내 오늘날 사람들로 하여금 듣고
천부가 있음을 알게 하는 것이다.

또한 장차 뒷날 사람으로 하여금 그때가 이르러 행함으로써
능히 부도를 다시 세우고[3] 사해를 두루 화합시키며 인간세상이
근본으로 되돌아가고 진리를 밝게 깨닫도록 할 것이다.
그런즉 당시 석씨의 주장[4]이 불행 중 다행이 아니겠는가?

---

唯我守本之族 避居於東海 設防保守三百餘年之間 衆論之飜覆如是
則 可以察域外風雲之如何 又可以知天符眞理之毅然 不滅於邪端之
世也. 故世世衆論 必根據於斯道之不墮 歷代領首 猶恐不副於衆論
之所在 不激不緩 能得調節而保守大傳 竟使今人 可得聞而知天符
之在 又將使後人 及其時而行之 能得符都復建 通和四海 人世復本
明證眞理則 當時昔氏之論 果成就於不幸之幸歟

1. **근본을 지키는 우리 종족**  우리 한민족을 '근본을 지키는 종족'이라 하였다. 우리에게는 부도 진리를 세상에 전하고 인류를 마고성 낙원으로 이끌어야 할 막중한 사명이 있다. 부도 역사는 근본을 지키고 근본으로 되돌아가려는 역사다. 『부도지』는 황궁씨가 흰 띠풀로 몸을 묶고 마고 앞에 나아가 '오미의 화'를 속죄하고 복본을 맹세한 후, 유인씨·환인씨·환웅씨·임검씨·부루씨·읍루씨를 거쳐 신라에 이르기까지 1만여 년의 부도 역사가 근본을 지키고 근본으로 되돌아가려는 복본의 역사였음을 전하고 있다.

2. **중론의 번복**  부도가 위기에 처할 때마다 중론이 세 갈래로 나뉘었다. 죽는 한이 있더라도 부도 진리인 사해평등과 민족자치를 굳게 지키자는 측과, 비록 부도 진리에 어긋나더라도 먼저 제왕지도의 패권주의로 힘을 기른 후 부도 진리를 펴자는 측과, 양쪽을 적절히 사용하자는 중화론이 그것이다.

박씨들은 죽는 한이 있더라도 부도 진리를 굳게 지키자는 보수를 주장하였고, 석씨들은 제왕지도의 패권주의로 힘을 기른 후 부도 진리를 펴자는 개혁을 주장하였으며, 김씨들은 양쪽을 적절히 사용하자는 중화를 주장하였다. 시대 변화에 따라 중론이 바뀌면서 박씨·석씨·김씨가 번갈아 신라를 이끌었다.

3. **부도를 다시 세우고**  부도를 다시 건설하는 일은 마고성 낙원을 회복하는 것이다. 진리를 밝게 깨달아 인간세상이 근본으로 되돌아가서, 인류가 한 가족으로 서로 사랑하며 화합하는 세상을 건설하는 것이다. 이것은 우리 한민족에게 주어진 영광스런 책무다. 후세에 부도건설 일꾼을 기다리는 저자의 간절한

마음이 사무친다.

　4. **석씨의 주장**　"나라를 세우고 왕을 받들어 대권을 행사하고, 군마를 호령하며 파죽지세로 전진하여 부도 전 지역을 회복하고 부도를 다시 세우자."는 것이 석씨 주장이다. 석씨 주장은 부도 통치이념인 사해평등과 민족자치를 거스르는 것이다. 그러나 그렇게 해서라도 부도 진리가 끊어지지 않고 후세에 전해져 부도가 다시 건설된다면 석씨 주장이 불행 중 다행이라는 뜻이다.